黎明の序列

古代、糸島平野のヤマト王権を支えた海人安曇族の本拠地・志賀島。
静かに夜明けを待つ海鵜の隊列は、
あたかもヤマトの近畿東征前夜の緊張感を彷彿させるかのようだ。
（撮影：明石哲也氏　※口絵写真すべて）

葦原水穂の国の一情景

佐賀・玄海町、浜野浦の棚田の夕景。
二千数百年にわたり険阻急峻な国土から「葦原水穂の国」を作り上げ、
美しい情景を今に残してくれた先人たちの汗と涙と努力の結晶に、
ただただ感謝である。

二見ヶ浦の夫婦岩に沈む夕日

日出る国に日々必ず訪れる夕景（福岡県糸島市志摩桜井）。
古代人たちは沈みゆく夕日に掌を合わせ、
明日の太陽の輝かしい再生を心から祈念したに違いない。

生野眞好

日本国成立の日

あなたは日本の誕生日を知っていますか?

記紀解読シリーズ❶

はじめに

人間は進歩しない。

これは、私が約三十年間にわたる歴史研究の中から学び得た唯一最大の成果と考えています。「歴史は繰り返される」と良く言われますが、それは裏を返せば人間がその本質においてほとんど進歩していないことを意味しているように思えます。

たとえば、現代の我々は、今から二千四百年以上も前の『論語』などの古典からいまだに人生観を学ぶことがあるのですが、それはその間を生きてきた我々人類が「人間性」においてまったく進歩していない証左といえるのではないでしょうか。

しかし、その自覚さえ持てれば、逆に「歴史から学ぶ」ことが多いことに気付くはずなのです。先人たちが「何をして何をしなかったのか」、また「何ができて何ができなかったのか」、そして「何を忘れ、何を忘れないのか」などなど、今を生きる我々にとって学ぶことは多いはずです。

現代の我々は真実の足跡の上に生きているわけですから、その足跡を学ぶことによって将来に役立てることもできるのです。その意味で歴史学は「未来学」ともいえるのではないでしょうか。歴史を学ぶことの意義はそこにこそあると思います。

私は、歴史学を「四次元の科学」と理解しているのですが、その歴史科学の方法とは、過去の時間に閉じ込められた一回的・個性的な事実を文献によって検証する方法といわれています。

その四次元の科学から三次元の自然科学が生まれ、発展を遂げてきたのですが、歴史科学は自然科学を内包した科学であり、その生みの親ともいえるのです。

中国の古代史家である司馬遷や范固《はんこ》・陳寿らは、皆が単なる歴史家ではなく、自然科学の専門家でもありました。彼らは歴史書を書く中で、天文・地理・地学・数学など自然科学においても過去の研究成果から学び、また自らも研究していたのです。

つまり、彼らは当時の最先端を行く科学者たちであり、その彼らから史学を学んだわが国の先人たちもまた科学者だったといえるのです。

残念ながら、現在の歴史科学は自然科学の下に置かれ、ややもすれば軽く見られる傾向にあります。高校などの教育現場でも歴史は必須ではなく地理との選択科目であったり、近年は大学の受験科目から除外してはという意見もあったりするようです。

このような現実を目の当たりにすると、現在の日本においていかに歴史学が軽んじられているかが分かります。

昨今、グローバルという言葉が日常的に飛び交っています。その中でわが国は「技術立国・日本」を前面に打ち出し、世界の中で確固たる地位を築くことに躍起になっているのですが、はたしてそれだけで本当に生き延びていけるのでしょうか。

「物作り」といういわばハード面だけでなく、歴史や文化などソフト面も十分に備えておかなければ、やがて世界の潮流に飲み込まれてしまい、自分（日本国）を見失う危険があります。

日本がグローバル化の中で確固たる先進性を保ち、日本人としての誇りとアイデンティティーを持ち続けるには、高い技術力と洗練された「物作り」だけではなく、先人が遺してくれた歴史や文化をも世界に積極的にアピールしていく必要があるのではないでしょうか。

この点、今年になって「和食」が世界遺産に登録されましたが、本当に日本国民としては喜ばしく、また誇らしい限りです。しかし、その一方で日本の歴史はどうなっているのでしょうか。

アメリカは、今年の七月四日で独立二百年を迎え、国をあげて盛大にお祝いをしていましたが、一方、わが国の場合は自分の国がいつ現在の日本国になったのか、国民の誰も知らないのです。

せっかく長い年月をかけて先人が築いた素晴らしい歴史と文化を持っているのに、その誕生日さえ知らない今の日本人、それを知ろうともしない国民、それが今のわが国の現実であり国民性なのです。

主要先進八カ国（G8）の中で、自分の国の成り立ちや誕生日を知らない国はおそらくわが国だけではないでしょうか。それで本当に成熟した先進国といえるのでしょうか。

なぜ、わが国民はその日を知ろうとしないのか。なぜ、国は国家プロジェクトを立ち上げてでも、この国家的命題の解明に全力を挙げようとしないのか。

現在の日本国民が「その日」に無関心になった一因には、戦後の国会で曖昧な「建国記念の日」という唯一「政令による祝日」を作ってしまったことが挙げられます（1966年12月9日施行）。

二月十一日に定められた「建国記念の日」とは、一体何を祝う日なのでしょうか。

この日は、本当の「建国の日」を祝うのではなく、その日は不明なので、現在のわが国が「日本国であるという事実と現象を祝う日」として定められたものなのです。

これでは、何のことか国民には訳が分からず、とうてい心からお祝いする気にはなれないでしょう。この日、多くの国民は国旗すら掲揚せず、ただ祝日であることを喜ぶだけです。

なぜ、曖昧なまま無理をしてこのような「建国記念の日」などを作る必要があったのでしょうか。また、どうしてその時、「分からないことは、分からない」という勇気を持てなかったのでしょうか。

戦前は、『日本紀』（いわゆる『日本書紀』）に書かれた神武天皇の即位元年（紀元前660年正月1日）を「皇紀元年」、いわゆる「紀元節（建国記念日）」として祝っていたわけですが、戦後の今それをまともに信じる人はほとんどいません。もちろん教育現場でそれを子供たちに教えることはないのです。それにも拘わらず、なぜ曖昧な「建国記念の日」など作る必要があったのでしょうか。

そのために、国民の大半が本当の「建国の日」に無関心になってしまったのです。

私は、本当の「日本国誕生の日」の解明は、戦後の日本国にとっては国家的命題であり最優先課題ではないかと考えています。そして、一日も早く国民に本当の「その日」を渡さなければならないと思っています。

なぜなら、日本国の歴史は、あくまでも日本国民の一人ひとりが共有すべき精神的・文化的財産だからです。けっしてそれを専門家やマスコミ、あるいは政治家や国家権力の「私物」にさせてはならないのです。

戦前、日本の歴史を国家権力が私物化したために、どういう結果を招いたかは周知のとおりですが、日本の歴史は、けっして何者かの「私物」ではないのです。

そうさせないためには、「正しい方法論」によって導き出された「正しい解」を国民に渡す必要があります。そうでなければ、国民はそれが本当の「正解」であるかどうか自ら判断して受け取ることができないからです。

現状の歴史学界には、解釈によって導き出した曖昧な個人的見解をあたかも「正解」であるかのように主張する研究者が多いのですが、もうそういうレベルでは正解を導き出すことができないことを自覚する時が来たのではないでしょうか。

私は、「正しい方法論」の先に、初めて「正しい解」を求め得ると確信していますが、むしろ問題は、その「正しい方法論」を見出すことの方にあるのです。

その「歴史科学の方法」についての私の考え方は、本書の「あとがきにかえて」の中で詳述していますが、今後の「記紀」の研究にあたっては、解を求める前にまず「正しい方法論」を見出すことを最優先すべきだと考えています。

そして、私自身、本書執筆にあたり「記紀」解明のための「正しい方法論」を模索し、それを見出したつもりでいますし、またその実践を通して得られた答を「正解」と確信しています。

しかし、当然その真偽の判断は本書の読者に委ねなければなりません。

ただその前に、はたして「記紀」という文献が、そもそもそのような「方法論」などによって「正解」を導き出せるような史料的価値を有しているのかという疑問を持つ読者も多いのではないでしょうか。

この点について、私は、「記紀」を編纂した人たちが当時の最先端を行く科学者たちであったと確信していますし、「記紀」は現在の科学の目による検証にも十分堪え得る素晴らしい文献だと思っています。一見、「記紀」には荒唐無稽な話や不可解な記述が多くあるように見えますが、彼らは「真実を後世に伝えよう」と懸命に努力しているのです。その彼らの真意を理解し、「記紀」がじつは科学的に設計されているという事実を知らなければ、その解明はとうてい無理なのです。彼らは、けっして「SF作家」などではなく、「科学者」であることを本書によって多くの読者が理解していただけるものと期待しております。

そして、今を生きる我々が「人間は進歩しない」という事実を謙虚に自覚したなら、「記紀」編纂者らと同じ視点に立つことができ、その時、初めて我々現代人の思考力をもってして彼らの真意を理解することが可能となるのです。

その知的レベルにおいて、必ずしも現代人が古代人に優っているのではないことを真摯に受け止める謙虚さが今は必要なのです。その上で、「記紀」編纂者らの科学者としての優れた能力を正当に評価できるだけの叡智が、今の我々に要求されているのだと思います。

それができた時、現在の我々は、初めて古代人からのメッセージを「正しく受け取る」ことができるのではないでしょうか。

我々は、いつから「日本人」になったのか。

いま私は、その答を「記紀」の編纂者らから受け取ることができたと確信しています。

本書を介して、その真実の「日本国成立の日」を日本国民一人ひとりの手に渡すことができるなら、私にとってこれに優る幸せはありません。

平成二十六年十二月

生野《しょうの》　眞好《まさよし》

【凡例】

一、本書では、一部を除いて「天皇」の尊称を省いております。

本来、朝廷が奉った歴代天皇の諡号《おくりな》については、「天皇」の尊称を付すべきなのですが、本書では、「誰が最初に天皇を称したか」という問題を主要テーマの一つに掲げています。

したがって、非礼を承知の上で、本書では原則「天皇」の尊称を省き、「神武」「天智」などと記しています。この点、誤解の無きようあらかじめお断りしておきます。

二、本書は、月刊誌『フォーNET』に、平成十年十二月から同二十六年四月までの四十一回にわたって連載した「日本国成立の謎を解く」シリーズの一部を校正・編集したものですが、その中では、一回ごとに「図」や「表」の解説をしており、全体を通してのナンバリングは行なっておりません。よって、本書に用いた「図」「表」も全体を通してのナンバリングは行なっておりませんので、この点もあらかじめお断りしておきます。

第三章・日本国成立の日

第一章　『日本書紀』は、二書を併せた略称

一、『日本書紀』は、無知をさらけ出した書名！

冒頭から少々刺激の強い話になりますが、私たちが小中高の歴史の時間に習った『日本書紀』という書名がじつは大きな間違いで、「そんな書名の史書はない」というと読者は一様に驚くのではないでしょうか。しかし、この『日本書紀』という書名は、無知をさらけ出しているに等しい本当に恥ずかしい書名なのです。

その『日本書紀』が本名であるか否かについての議論は、平安時代初期以降現在に至るまで、約千二百年もの長きにわたり専門家らの間で続けられています。

そうした議論の起こりは、この史書の本名が『日本書紀』ではなく、『日本紀』と書かれた記録があるためです。現在では多くの専門家が『日本書紀』を正しいと考えているようですが、中には『日本紀』が正しいとする研究者も少なくありません。

しかし、問題は、現在までの議論がその「どちらが正しいのか」という二者択一論に終始していることです。そうではなく、一つの史書の書名として『日本紀』はあり得ても『日本書紀』はあり得ないということに気付かなければなりません。ここにこの問題の本質があります。

最近の学者の中には、「日本紀も日本書紀もあった」などという馬鹿げたことを言う人まで出てきていますが、そのような思考レベルでは、とうてい「記紀」の全容解明は無理といわざるを得ません。

しかし、なぜ『日本書紀』があり得ないのか。

それは、「書」と「紀」とでは、史書構成上の体裁が根本的に異なるからです。

中国の場合、原則として「書」は紀伝体の史書、「紀」は編年体の史書の書名に用いられています。その両者の間には書名を付ける際の使用規定のような約束事があって、けっして一書の史書名に「書紀」という名が使われることはあり得ないのです。

「紀伝体」は、前漢の司馬遷が『史記』で試みた体裁ですが、それを後漢初めの范固《はんこ》が『漢書』で確立したもので、「帝紀・列伝・志（軍事・地理・天文・科学・経済などの変遷）・表（年表・制度一覧）」の四部門で構成されています。清朝・乾隆帝の時に定められた中国正史（二十四史）はすべてこの「紀伝体」の史書です。

一方、「編年体」の体裁形式は、孔子の『春秋』に始まるとされていますが、それは「紀伝体」の四部門構成の体裁とは異なり「帝紀」しかありません。そして、日本の正史（六国史《りっこくし》）は、中国とは異なり、そのすべてが「編年体」なのです。

そして、「帝紀」の書き方において両者には大きな違いがあり、「紀伝体の帝紀」は毎年の記事を書くわけではなく途中に年次記事の欠けた個所が多々あって、必ずしも一帝王の在位期間に応じた年次記事を書くわけではありません。たとえば、二十年間在位していても、十年分の記事しか書かないこともあるのです。

一方、「編年体の帝紀」は、原則として一帝王の在位期間に準じて一年の漏れもなく年次記事を書くという特徴があります。そこから編年体の史書を「実録」とも呼びます。

つまり、両者は全体の体裁（構成）も帝紀の書き方も根本的に異なっているのです。

そこで、中国では『史記』以降、両者の違いは書名をもって明確に区別しているのです。

❶・「編年体の史書」に用いる書名＝「紀」・「実録」、あるいは「○○春秋」など
❷・「紀伝体の史書」に用いる書名＝「書」・「記」・「史」・「志」・「略」など
（なお、❶と❷の折衷的体裁の史書に「紀事本末体」がありますが、ここでは煩雑を避け説明を割愛します。）

このように、『史記』や『漢書』が成立して以降、中国では「（❶）編年体」と「（❷）紀伝体」の史書の違いは書名をもって一目瞭然になっているのです。

なお、「詩集」「随筆」「小説」「日記」「議事録」「経典」「制度史」などには、「（❷）紀伝体」の史書と同じ「書」「記」や「録」「経」「通」「義」「典」「辞」ほか様々な書名が使用されています。

しかし、❶の編年体に使われる「紀」と「実録」は、「紀伝体」の史書だけではなく、そのほかの本の名に使用されることはまずありません。つまり、「紀」と「実録」は、ほとんど「編年体の史書に限定使用される」といっても過言ではないのです。

以上のことから考えても、中国史書の基本的体裁を学んできたわが国の先人たちが、その史書の本名に、右の「（❶）編年体」と「（❷）紀伝体」を合体した「書紀」などという書名を絶対に付けるはずがないのです。

なぜ、中国に「○○書紀」という史書が一冊もないのか。それは何事にも体裁や形式を重んじる古代中国において、それを無視したような名を付ける無知な学者がいなかったということでしょう。ま

たそれは、「記紀」を編纂した八世紀当時のわが国の先人たちも然《しか》りだと思います。

いずれにしても、「書・記」は同じ体裁のグループになりますが、「書・紀」は、その体裁上、けっして一書の名として合体することのない異種の書名なのです。

①・紀伝体＝中国正史（二十四史）の書名
史記・漢書・後漢書・三国志・晋書・宋書・南斉書・梁書・陳書・魏書・北斉書・周書・隋書・南史・北史・旧唐書・新唐書・（旧）五代史・新五代史・宋史・遼史・金史・元史・明史

②・編年体＝日本正史（六国史）の書名
日本紀・続日本紀・日本後紀・続日本後紀・文徳実録・日本三代実録

右のとおり、日本における天皇勅撰の正史は、奈良時代の『日本紀』を筆頭に、次の平安時代に成立した「六国史」しかありません。

そして、そのすべてが「編年体」で、その書名には「紀」と「実録」しか用いられていません。

見てのとおり、わが国の先人たちが中国から学んだ史書名の使用上のルールを良く理解していることが分かります。

一方、右①の「中国正史」（二十四史）の場合は、そのすべてが「紀伝体」の史書ですから、当然その書名には、「記」「書」「志」「史」などが使われていて、「紀」や「実録」は一切使われていないのです。

以上から、『日本書紀』は間違いで、『日本紀』が本名と考えておかなければなりません。

また、『日本紀』が本名であることは、その続編である『続日本紀』の次の記録を見ても分かります。

○　『続日本紀』元正紀・養老四年の条

養老四年（720年）五月癸酉、是より先（714年）、一品舎人親王《いっぽんとねりしんのう》、勅《みことのり》を奉《たまわ》り、「日本紀」を修む。是《ここ》に至りて功成り、紀卅《三十》巻・系図一巻を奏上す。

右のとおり、七二〇年に奏上された国史は『日本紀』と書かれています。

また、そもそも右の『日本紀』成立の経緯を記録した『続日本紀』の書名自体が「日本紀の続き」であることは自明ですから、その前史にあたる史書が『日本紀』であることは、これまた当然の帰結といえるでしょう。

なお、たまたま本書執筆中の二〇一四年八月二二日、マスコミ各社の報道で宮内庁が二十四年かけて編纂した『昭和天皇実録』（61冊1万2137ページ）が完成したことを知りましたが、その内容は誕生から崩御までの八十七年八ヶ月と葬儀を実録として記録しているということです。

その書式の体裁については、読売新聞の同日朝刊の一面では次のように紹介されていました。

○　～天皇実録は、「天皇紀」とも言い、天皇の生涯の動静を月日を追って記す「編年体」と呼ばれる書式で編さんされる。同庁（宮内庁）によると、昭和天皇実録も編年体だが、重要な事項については、それぞれまとめて記述、資料を列挙しているという。～

このように、今回完成した『昭和天皇実録』が「天皇紀」＝「天皇実録」＝「編年体」というように、そのルールに則った体裁で整えられ、かつそれに適った書名であることが分かります。それを踏まえた上で、改めて過去に書かれた日本正史（勅撰）の書名を見てみましょう。

○　日本の正史一覧

書名	記述内容（天皇紀＝編年体＝実録）	成立年
❶『日本書紀』	神代～持統紀	720年（養老四年）
②『続日本紀』	文武紀・元明紀・元正紀・聖武紀・孝謙紀・淳仁紀・称徳紀・光仁紀・桓武紀	797年（延暦十六年）
③『日本後紀』	桓武紀・平城紀・嵯峨紀・淳和紀	840年（承和七年）
④『続日本後紀』	仁明紀	869年（貞観十一年）
⑤『文徳実録』	文徳紀	879年（元慶三年）

⑥『日本三代実録』	清和紀・陽成紀・光孝紀	９０１年（延喜元年）
〜この間、約千年にわたり、天皇勅撰の「正史（国史）」の編纂は途絶えた〜		
⑦『孝明天皇紀』	孝明天皇紀	１９０５年（明治三十八年）
⑧『明治天皇紀』	明治天皇紀	１９３３年（昭和八年）
⑨『大正天皇実録』	大正天皇紀	１９３６年（昭和十一年）
⑩『天皇皇族実録』	神武〜孝明天皇紀	〃（〃）
⑪『昭和天皇実録』	昭和天皇紀	２０１４年（平成二十六年）

右表のとおり、日本の天皇勅撰の正史は今年成立した『昭和天皇実録』を含め全部で十一史になったわけですが、その体裁はすべて「編年体」で書名も基本的にその体裁に適った「紀」と「実録」が使われています。それから考えても、その第一史の書名が『日本書紀』であるはずがなく、それがいかに不自然であるかは分かっていただけるはずです。

したがって、右表❶の『日本書紀』という書名は間違いで、あくまでも『日本紀』が正しい書名（本名）と認識しておかなければならないのです。

しかし、それにしても、ここまでの考え方が正しいとすれば、その『日本紀』という本名がどうして『日本書紀』に変わってしまったのでしょうか。

二、『日本書紀』とは、『古事記』と『日本紀』を併せた略称（書紀＝記紀）

　そこで私は、『日本書紀』とは、「書」と「紀」の「二書を併せた略称」ではないかと疑ってみました。つまり、『日本書』と『日本紀』の二書を併せた「日本の書と紀」の意味ではないかという疑いです。それ以外、『日本書紀』などという馬鹿げた書名の起こりは考えられないのです。

また、その間違いが起こるきっかけは、『日本紀』が成立した翌年（七二一年）に朝廷で行なわれた第一回目の「日本紀講書（日本紀の講習会）」で、『古事記』を無理やり『日本書』と呼ばせたためではないかと疑ってみました。その理由は、日本紀講書の席においては、『古事記』という書名自体が問題になっていたのではないかと思われるからです。

　なぜなら、『古事記』には「日本国」が一切出てきませんし、「古き事を記す」というタイトルのとおり、その帝紀や歴史（旧辞《くじ》）は「古き倭国の時代」のこととして編纂されているからです。

一方、『日本紀』の場合、わが国は神代からずっと日本国であるという立場が貫かれているので、その国名表記の一点をもって、必然的に『古事記』の「倭国」と『日本紀』の「日本国」とが真っ向から対立していることになるのです。

　事実、「日本紀講書・私記」などを読むと、その講習会の席でしばしば「倭」と「日本」という国名表記の違いについて質疑応答が行なわれていたことが分かります。

その詳細については後述しますが、ここは「日本紀講書」の席において、倭国と書かれた『古事記』と、日本国と書かれた『日本紀』という国名表記の異なる二種の文献のあったことが問題なのです。当然その日本紀講書の席では、『日本紀』を中心に講義していたはずなのですが、その時その講書の席で『日本紀』にベクトルを合わせるために、『古事記』を強いて『日本書』と呼び換えさせていた可能性が高いのです。

そこで、日本紀講書に関する記録を鎌倉末期頃に成立した『釈日本紀』などで調べてみたところ、思ったとおり、『日本書紀』や『日本書』という書名に対する質疑応答の記録が残されていたのです。その中に、ここの問題の本質に関わる重要な記録がありました。

❶・弘仁三年（812年）の「日本紀講書」私記

Q　又、問う。日本書と謂《い》わず、又、日本紀とも謂《い》わず、只《ただ》、日本書紀と謂《い》うは如何《いか》に。

この質問には大変重要な示唆があります。

それは、この質問者が一書の名に『日本書紀』はおかしい。『日本書』か『日本紀』か、どちらかではないかと質問していることです。実に本質を突いた鋭い質問だと思います。

ところが、それに対してこの時の講師を務めた多《おおの》朝臣《あそん》人長《ひとなが》（太《おおの》安万侶《やすまろ》の末裔？）がとんでもない解説をしているのです。ここで人長は、宋朝の皇太子の教育係（詹事《せんじ》）だった范懿宗《はんいそう》という人物の著したという『後漢書』の記事を持ち出し、『日本書紀』で良いと解説してしまったのです。

○ 敍帝王事、謂之書紀。敍臣下事、謂之書列伝。～（『釈日本紀』所引・范《はん》懿《い》宗《そう》撰『後漢書』）

講師の多朝臣人長《おおのあそんひとなが》は、右の漢文を「帝王の事を敍《のべ》る、之れを書紀と謂《い》い、臣下の事を敍《のべ》る、之を書列伝と謂う。」と誤訳し、「書紀」という書名は中国にあり得るので、『日本書紀』で良いとする解説をしてしまったようです。しかし、これは完全な読み間違いなのです。

右の漢文は、「帝王の事を敍《のべ》る、之れ書《しる》すを紀と謂い、臣下の事を敍《のべ》る、之れ書《しる》すを列伝と謂う。」と読むべきものなのです。

古来、中国語に「紀」と「列伝」という言葉はありますが、「書紀」とか「書列伝」などという熟語は前代未聞です。

それを「書紀と謂う」とか「書列伝と謂う」などと誤訳し、「帝紀」を「書紀」という書名にすることはあり得ると説いてしまったのです。

これには、右文を書いた范懿宗本人もおそらく天国で失笑していることでしょう。

しかし、問題は、これ以降、『日本書紀』を是とする考え方が朝廷内に定着してしまい、この時以降の写本のすべてが『日本書紀』という表題で現在まで書き伝えられてしまったことです。

私は、最初の日本紀講書が行なわれた和銅五年（721年）の時点では、『古事記（＝日本書）』と『日本紀』の二書を併せ、それに『日本書紀』という表題を付けて写本していたものが、その後の政治的混乱の中で『古事記』の部分が脱落し、あたかも『日本紀』だけが『日本書紀』であるかのように誤って伝えられてしまったのではないかと疑っています。

そうでなければ、一書の名に『日本書紀』などという書名が起こり得るはずがなく、それは必ず「書」と「紀」の二書を併せた略称だったはずなのです。

さて、そこで次なる問題は、「書紀」の「紀」は『日本紀』のことであったとしても、「書」が本当に『古事記』のことなのかということです。

●『古事記』は『日本書』とも呼ばれた

私は「書紀」の「書」が『古事記』のことで、「紀」は『日本紀』のことと考えています。

つまり、『古事記』を『日本書』とも呼び換えていたのではないかと考えたのです。

そして、それを裏付ける記録が『釈日本紀』に所引された日本紀講書の中にありました。

❷・延喜五年（９０５年）の「日本紀講書」私記

(問う)・何ぞ(此書を)**倭書**と云《い》わずして、**日本書**と云うは如何《いか》に?

右❷は、明らかに『古事記』を前に置いての質問のようです。

なぜなら、当時すでに『古事記』が最古の文献になっていましたが、その『古事記』だけが国名を「倭国」と書いていて、その後に成立した史書は、「日本国」と書いているからです。

ということは、右❷の「倭書と云わずして」という質問の対象に該当する文献は『古事記』しか考えられないのです。

つまり、右❷の質問の意味は、「古事記は、国名のすべてが倭と書かれている。よって、それを『倭書』と言い換えるなら分かるが、なぜ『日本書』というのか」と質問しているのです。

それに対して、この時の講師はその理由を次のように説いています。


（❷の答え）・（師）説いて云《いわ》く、本朝の地、東極に在り。日の出《いず》る所に近し。又、（その）嘉名《よきな》を取り、仍《すなわ》ち**日本書**と号《よ》ぶ。

（『釈日本紀』所引・日本紀講書私記）


右の講師は、❷の問いに対して、「わが国はすでに倭国の名を改め、嘉《よ》き名を取って日本国と改号している。よってこの書（古事記）も日本書とよぶ」と解説しているのです。

つまり、『古事記』を無理やり『日本書』と改称（改名）させている可能性が高いのです。

ここに『日本書』へと改称した文献の存在が確認できますが、この講書が朝廷で行なわれているということを勘案するなら、その文献とは『古事記』以外には考えられないのです。

また、前述したとおり、「書」と「記」は書式の体裁が同じグループに属していますから、『古事記』をかりに『倭書』や『日本書』に改称したとしても、その体裁からくる書名上の問題はないのです。

おそらく、「記紀」成立の当初は、『古事記』を『日本書』と改称した上で、『日本書』と『日本紀』の二書を併せて、「日本の書と紀」、つまり『日本書紀』と呼んでいたのだと思います。

それは、現在の私たちが『古事記』と『日本書紀』を併せて「記紀」と略して呼ぶのと同じで、「記紀」成立の当初は、それを「書紀」と呼び習わしていたのでしょう。

ところが、『古事記』（日本書）＋『日本紀』＝「日本の書・紀」だったものが、奈良時代の末か平安時代の初めに至って、『古事記』と『日本書紀』というように勘違いされてしまったのです。

したがって、現在の私たちは、『日本書紀』の「書」が『古事記』、「紀」が『日本紀』であり、「日本書紀」とは、その二書の略称であるということを良く理解しておかなければなりません。

極端な言い方をすれば、その意味さえ理解できないようでは、「記紀」の全容解明はまず不可能ということです。それほどこの問題は、「記紀」解明の上で重要な意味を持っているのです。

ところで、「日本の書紀」を『日本書』と『日本紀』の略称ではなく、『日本書紀』という一書の名と勘違いするようになってから、いま一つ不可解な事実誤認が起こっています。

それは、『古事記』の編者である太安万侶《おおのやすまろ》が、なぜか『日本書紀』の編纂者の一人としてもその名を列ねられていることです。

つまり、安万侶は、『古事記』だけではなく、『日本書紀』の編者にもなってしまったのです。

●なぜ、太安万侶が『日本書紀』の編纂者に名を列ねているのか

（Ⅰ）・『古事記』序文の末尾
・～併せて三巻に録《しる》し、謹《つつし》みて献上す。臣安万侶、誠惶、誠恐、頓首、頓首。
和銅五年正月廿八日　正五位上勲五等　太《おお》朝臣安万侶《やすまろ》

（Ⅱ）・『続日本紀』
a・（元明女帝・和銅七年＝７１４年）・従六位上・紀朝臣清人《きのあそんきよと》と正八位下三宅臣藤麻呂《みやけのおみふじまろ》に詔し、「国史」を撰せしむ。

b・（元正女帝・養老四年＝720年）・是より先、一品舎人親王、勅《みことのり》を奉《たまわ》りて、日本紀を修む。
是に至りて功成り、紀卅巻（三十巻）・系図一巻を奏上す。

右のとおり、『古事記』序文（Ⅰ）や『続日本紀』の記録（Ⅱ）を見るかぎり、太《おおの》安万侶《やすまろ》が『古事記』を上進していることは間違いないのですが、『日本紀』の編纂には、安万侶の名がまったく出てこないのです。ところが、『日本紀』が『日本書紀』と呼ばれるようになってから、その編纂者に安万侶の名も挙げられるようになっているのです。

この点、たとえば前掲の『釈日本紀』には、なぜ『日本紀』でなく『日本書紀』なのかということと、その『日本書紀』になぜ安万侶の名があるのかについて疑問をもっていたことが分かります。

（Ⅲ）・『釈日本紀』・開題（序に相当）

弘仁私記序に曰く、

夫《そ》れ日本書紀は、一品舎人親王と従四位下勲五等太《おおの》朝臣《あそん》安麻呂《やすまろ》（安万侶）ら、勅を奉りて、撰する所なり。清足姫《きよたらしひめ》天皇（元正女帝）負扆《ふい》の時（御世の時）、親王及び安麻呂ら、更に此《ここ》の日本書紀卅巻（三十巻）・帝王の系図一巻を撰す。

『釈日本紀』の撰者卜部《うらべ》懐賢《かねかた》（兼方）は、右（Ⅲ）の弘仁年間の「日本紀講書」の記録と、先の『続日本紀』（右（Ⅱ・b））を並べて、『日本紀』と『日本書紀』とでは、どちらが正しいのかを考察していたようです。

しかし、その書名が『釈日本紀』（日本紀の解釈書）になっていることや、その中に『日本紀』からの注釈があることなどをみても、どうやら撰者の卜部懐賢自身も『日本紀』が正しい書名と考えていたようです。

いずれにしても、平安時代の弘仁年間（８１２年頃）以降には、『日本紀』が『日本書紀』になり、そしてその編纂者に太安万侶の名が挙げられるようになったのです。なぜでしょうか。

それは、ここまで述べてきたように、「記紀」成立直後から『古事記』を『日本書』と改称し、その上で『日本紀』と併せた二書の略称を「日本（の）書紀」と呼んでいたと思われますが、その「書」の部分が『日本書』、つまり『古事記』ということになり、たしかにその意味では太安万侶が「日本書紀」の「書」に直接関与していることは間違いないからです。

ところが、その「日本書紀」が二書の略称ではなく、一書の名として周知されるようになった時、それと重複する形で別に『古事記』があるということになってしまったのです。

その結果、安万侶は死後百年も経たないうちに、本人の与《あずか》り知らぬところで、『古事記』だけでなく、『日本書紀』の編纂者にも名を列ねることになってしまったのです。

この点、少し穿《うが》った見方かもしれませんが、先述した弘仁三年（８１２年）の日本紀講書の時の講師が太安万侶の末裔といわれる多朝臣人長でしたから、もしかすると人長は、自分の先祖の太安万侶が「記紀」双方の編纂に関わったとするために、『古事記』と『日本書紀』で良いと講義した疑いもあるのです。

A・本来の『日本書紀』の意味

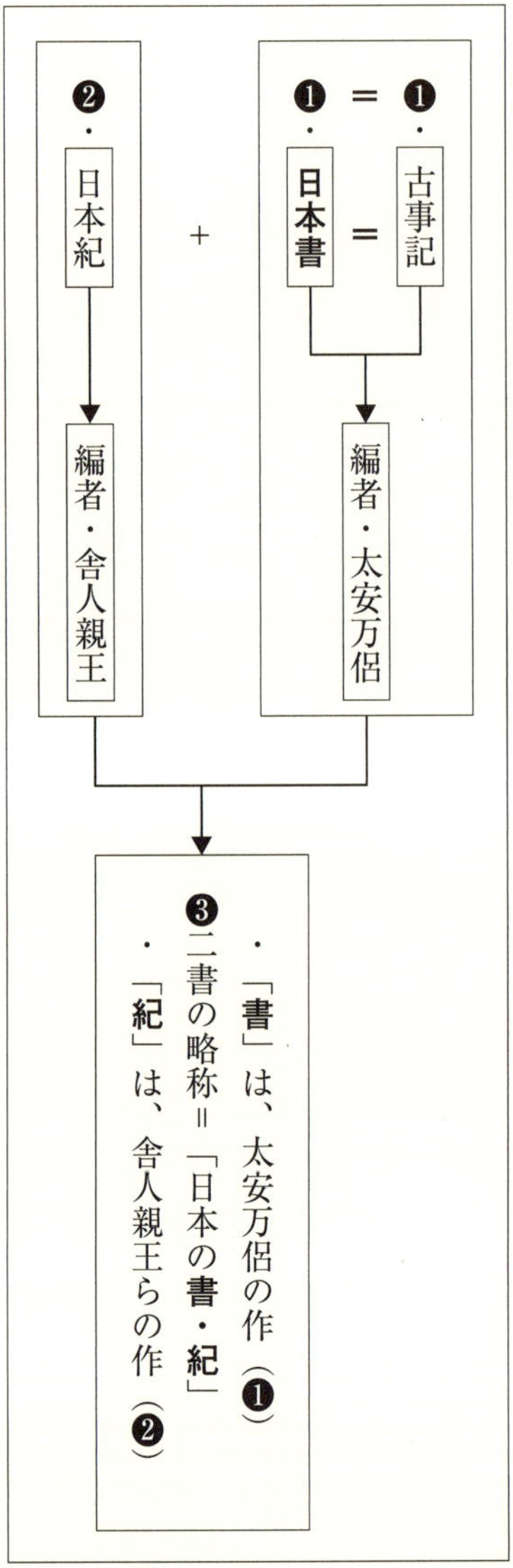

B・現状の『日本書紀』に対する認識

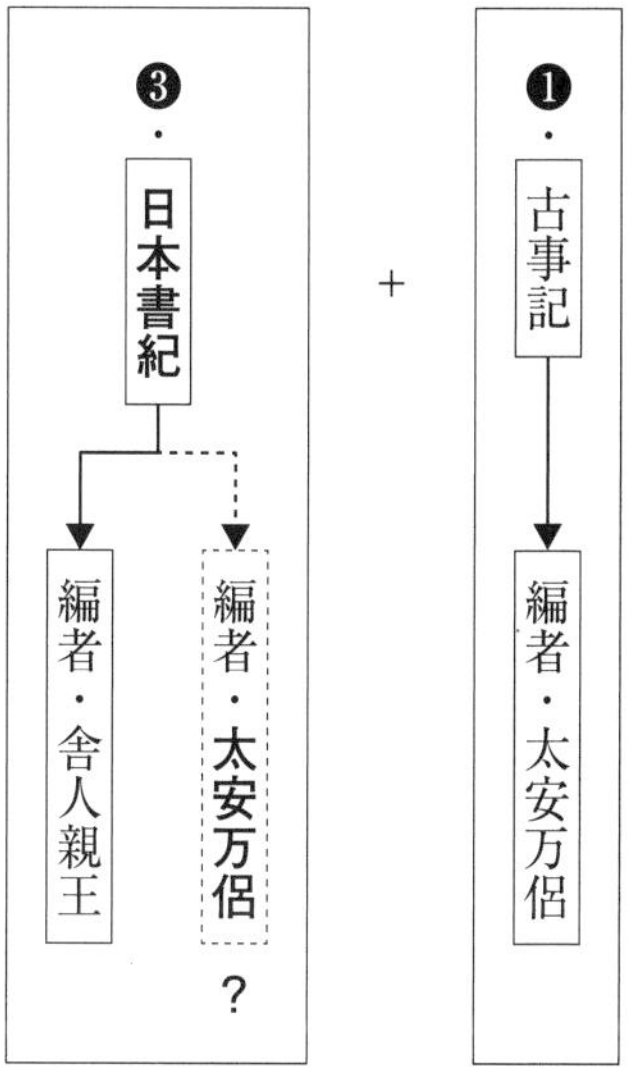

●現在、太安万侶は「記紀」双方の編纂に関与したことになっている。

さて、『日本書紀』という書名の本来の意味は、右図Aの「日本書＋日本紀」で良いと思いますが、それが現在では、右図Bのような形で認識されてしまっているのです。そのために、太安万侶は、「記紀」双方の編纂に直接関わっていたかのように誤解され続けているのです。

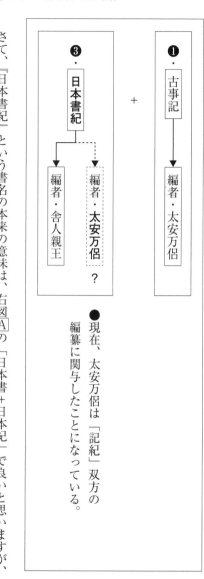

いずれにしても、『日本書紀』とは一書の書名ではなく、「書」と「紀」を併せた二書の略称で、その実体は『古事記（＝日本書）』と『日本紀』のことですから、その意味で「書紀」＝「記紀」ということになるのです。

したがって、現在『日本書紀』といっている史書は、『日本紀』が本名と理解しておかなければなりません（以降、本書では『日本書紀』を『**日本紀**』として統一表記します）。

なお、蛇足かもしれませんが、かの紫式部は『紫式部日記』の中で、周囲の者が自分のことを「日本紀の局」と呼んでいると書いていますが、さすがに彼女や周囲の人たちは『日本書紀』とは言っていなかったようです。

さて、以上のことが理解された時、「記紀」が現在の我々の「科学的検証」に十分堪え得る文献であることも分かってくるのですが、次章でその意味について順を追って説明したいと思います。

第二章

「記紀」は、科学的に設計されている

結論から言えば、ここまで述べてきたように『日本書紀』の本名が『日本紀』と分かった時、私は初めてその『日本紀』が科学的に設計されていることに気付いたのです。

以下、そのことの意味について説明したいと思います。

一、「春秋の筆法」について

ところで、なぜ、私がここまで『日本紀』という書名にこだわるのか。

それは、『日本紀』を『日本書紀』といういい加減な書名のまま読み続ける限り、「記紀」を編纂した史官らの真の能力や真意が分からなくなるからです。

つまり、『日本紀』なら分かることも、『日本書紀』だと肝心なことは何一つ理解できないということです。

しかし、『日本書紀』の本名が『日本紀』と理解しただけで、そこまで言えるのかと疑念を抱く方も多くいると思います。たとえその本名が『日本紀』であろうが『日本書紀』であろうが、中身は一緒なのだから、書名自体はその解明にはまったく関係ないと考えてしまうのではないでしょうか。しかし、そうではないのです。

『日本紀』ならその編者らの真意を理解できますが、『日本書紀』ではその解明の糸口すら掴めなくなるのです。それほど、この『日本紀』という書名自体に重要な意味や示唆が内包されているということです。

その時、当時の中国はすでに「紀伝体」全盛の時代にあったにも拘わらず、なぜわが国が『日本紀』という「編年体」の書名にしたのかということに注意を払う必要があります。

「記紀」の解明は、まず書名の意味を理解するところから始めなければならず、そこにこそ「真実の道を歩くためのスタートライン」が引かれているのです。そのスタートラインさえ分かれば、必ずやその真実の道を歩いて行くことができ、そしてゴールにも到達できるはずなのです。

さて、その『古事記』と『日本紀』は、共に「大和王朝万世一系」という建前の下に「帝紀」と「旧辞」は改竄されていて、それがあたかも史実であるかのように記定されています。

しかし、実際は神代紀を始めとして史実を改竄した個所が多くあることは周知のとおりです。

では、史実の解明は難しいのでしょうか。けっしてそんなことはないのです。

「記紀」の編纂者らは、そうした虚偽を書く中でも「いかにして真実を後世に伝えるか」に全力を傾注しているのです。

「虚偽を記す中で真実を示唆する」。これは一見難しいように思われますが、彼らはそれを見事に成し遂げたのです。その彼らの能力を正しく評価するためには、まずは彼らが用いた高度なレトリック（文章法）を理解しておく必要があります。それが理解できれば、なぜ『日本紀』でなければならなかったかの意味も分かっていただけるはずです。

●「春秋の筆法」とは、孔子が「真実を後世に伝えるため」に考案した筆法

孔子が用いた高度なレトリックとは「春秋の筆法」と呼ばれるものです。

孔子は、自分が仕えた魯国十二代二百四十二年間（前722〜前481）の年代記を『春秋』に著しましたが、その時、時の為政者（王家）に憚《はばか》って直筆《ちょくひつ》できない史実や毀誉褒貶《きよほうへん》（人物や事件に対する評価）の意《おもい》を「春秋の筆法」を用いて後世に伝えようとしたのです。

その意味を『春秋』から引いて解説するのは少々煩雑かつ難解ですので、ここは譬《たと》えや後世の用例を使って説明します。

たとえばある事柄を書く時、「ABCD」の順に書くルールがあるとします。ところが数ヵ所だけ「AB□D」・「AB□□」としか書かず、そこだけ「C」や「CD」が欠けているのです。そこでその矛盾に気付いた者が良く調べてみると、そこには直筆できない史実が隠されていたことが分かるという仕組みです。

つまり、余分なことやウソを書くのではなく、「ルール上、書くべきことを意図して書かない」のです。そのため、ルールを知っている者は気付きますが、それを知らない者はそこに隠されている真実や作者の真意などを理解することができないのです。

また、「春秋の筆法」には、本来そこで用いるべき文字を使わず、わざと別の字を当てるということがあります。

この「春秋の筆法」の原理については、西晋時代の儒学の大家杜預《とよ》が『春秋経伝集解』の中で次のように解説しています。

○・「春秋の筆法の原理」とは
・文を錯《たが》えるを以て義を見《しめ》し、一字を以て褒貶《ほうへん》を為す。

右を簡単に説明すれば、ルールを破って真実や正義を示し、本来用いる字と異なる一字を使うことで歴史や事件・人物などの評価をするというほどの意味です。

ただし、前述したように、「ルールを破る」といっても、けっしてウソや余分なことを書くのではなく、「書くべきことを書かずに、意図して矛盾を作り、そこから真実を伝える」ということです。

また、「一字を以て褒貶を為す」については、その良い参考用例が『三国志』にありますのでそれを見てみましょう。

❶・『三国志』の皇帝の書き方

	魏志	蜀志	呉志
皇帝	武帝紀（曹操）	先主伝（劉備）	呉主伝（孫権）
	文帝紀（曹丕）	後主伝（劉禅）	三嗣主伝
	明帝紀（曹叡）		

周知のとおり、『三国志』は陳寿が著した「魏・蜀・呉」三王朝の記録ですが、本来はその三王朝

ごとに「帝紀」を立てなければなりません。ところが、陳寿は魏の皇帝だけを「帝紀」に書き、蜀の皇帝劉備や呉の皇帝孫権らは、皆「主伝」として扱っているのです。

このことから、陳寿が魏朝を唯一正統な王朝と考えていることが分かります。

陳寿は、三国時代といっても、王朝としての正統性は後漢朝から禅譲を受けて樹立された魏朝にあり、蜀や呉は劉備や孫権が勝手に立てた「偽王朝」という歴史認識を持っているのです。

それは「死の表記」を見ても分かります。中国史書における「死の表記」は、身分によって異なり、基本的に上位から「崩」「薨《こう》」「卒」「死」の順に使われます。そして、「崩」は、「天子（皇帝）とその正妃（皇后）」の死に用いるのがルールになっています。

ところが、三国の皇帝の中で「崩」の字が使われたのは「魏帝」だけで、蜀の劉備や呉の孫権などは皆「薨ず」と書かれているのです（図参照）。

❷・三国皇帝の「死の表記」

魏志（死の表記）	蜀志（死の表記）	呉志（死の表記）
武帝・曹操→崩	先主・劉備→薨	呉主・孫権→薨
文帝・曹丕→崩	後主・劉禅→薨	呉主・孫亮・孫休→薨
明帝・曹叡→崩		呉主・孫晧→死

（注・蜀の劉禅と呉の孫晧の二人は、亡くなった時は皇帝ではなく、共に西晋朝の関内公の地位であった）

前図（❷）のとおり、『三国志』中の「死の表記」を見ると、魏の皇帝だけに天子の死を意味する「崩」が使われ、蜀や呉の皇帝は、一ランク下の「薨」が使われています。

このように、❶の「帝」と「主」、「紀」と「伝」、そして、❷の「崩」と「薨」の使い分けなどを見ても、陳寿が三王朝並立の時代といっても「魏だけを正統と看做《みな》している」ことが良く分かります。

これらは、「一字をもって褒貶《ほうへん》（評価）を為す」の典型的用例といえるでしょう。

また、陳寿が「魏を正統王朝と看做している」ことは、後世の解説書を見ても分かります。

○『隋書』経籍志二（史）

・晋の時、巴西《はせい》（現四川省）の陳寿、三国の事を删集《さんしゅう》す（三国の記録を集め、簡潔にまとめた）。唯《ただ》、魏帝を「紀」と為し、其の功臣及び呉・蜀の主を皆「伝」と為す。

○『四庫全書総目提要』・清朝六代皇帝乾隆《けんりゅうてい》帝の時成立

・凡《すべ》ては、魏志三十巻・蜀志十五巻・呉志二十巻。其の書、魏を以て正統と為す。

このような解説を見ても、陳寿が魏朝を当代唯一の正統王朝と看做していたことが分かります。

また、そこから、陳寿が三人もの皇帝が同時に並び立ち覇権を争った三国時代そのものを強く批判していることも分かるのです。

この点、陳寿は「東夷伝」序文でも三国時代の中国を「中国礼を失する」と評していますが、これなども魏を唯一絶対の正統王朝と位置付けた上で、その魏の天子に対して蜀や呉が「臣下の礼」を示さなかったことを「中国失礼」と批判しているのです。

いずれにしても、陳寿はことさらに言葉を費やして「魏の正統性」を説いているのではなく、本来と異なるわずか一字の用字をもってさりげなく三国時代に対する自身の歴史認識を表明しているのです。これこそが「春秋の筆法」の極意といえます。

そして、その筆法を「記紀」の編者らも良く熟知していることを現在の我々は知っておかなければなりません。

たとえば、『古事記』を誦習《しょうしゅう》した稗田阿礼《ひえだのあれい》は、ヤマト王国（後の王朝）に先行して樹立されていた奴国王家による倭国統治の歴史を表面上消し去り、あくまでもその正統性はヤマト王国にあるとして、その歴史を神代から始まる「ヤマト王朝万世一系」へと改竄してしまったのです。

その時阿礼は、陳寿が『三国志』の中で魏帝だけを「帝紀」に書き、蜀と呉の皇帝を「主伝」に扱うという用字法の例に倣《なら》い、ヤマト王国に先行して君臨していた歴代奴国王たちを「大国主」「事代主」「大物主」などと「主」にして扱うことで、その先行王国としての正統性を奪ったのだと思います。そうでもしなければ、唯一絶対の「ヤマト王朝万世一系」の歴史とはならないからです。

そして、『古事記』が「ヤマト王朝万世一系」の下で改竄された「帝紀」と「旧辞」は、たとえそれに疑問符は付けられながらも現在まで伝承される結果になっているのです。

しかし、史実を改竄し、虚偽の歴史を記定してしまった『古事記』と『日本紀』ではありますが、じつは、「春秋の筆法」を最大限に駆使して、「真実を後世に伝えよう」としているのです。

そして、その真意と意図を後世に示唆するためには、どうしてもその書名は『古事記』と『日本紀』にしなければならなかったのです。

『古事記』と『日本紀』は、一心同体といえるほど密接な関係にあり、『古事記』あってこその『日本紀』であり、さらに『古事記』に対して『日本紀』が何をしているのかという視点をもって読んだ時、初めて史実が分かるように設計されているのです。

二、『日本紀』と「春秋の筆法」

なぜ、日本国最初の国史は、『日本紀』でなければならなかったのか。

それは、『古事記』によって改竄記定された虚偽の「帝紀」と「旧辞」を基本的に踏襲しつつ、『日本紀』はそれを日本国の歴史として一帝王ごとに編年していったのですが、その一方で、「後世に本当の歴史を教えるため」には、どうしても『日本紀』という「編年体」の体裁の史書にしなければならなかったからです。

しかし、どうして真実を後世に教えるのに「編年体」でなければならなかったのでしょうか。

それは、『日本紀』＝「編年体」＝「実録」というきまりがあるからです。

つまり、『日本紀』という書名を使う以上、それは必ず「編年体」であり「実録」になっていなければならないのです。

編年体の史書は、「一帝王（天皇）ごとに、その在位期間中の出来事を一年の漏れもなく年月日ごとに書く」ことから「実録」ともいわれます。

したがって、『日本紀』は、「神武紀」の紀元前六六七年から編年を始め、「持統紀」の紀元後六九七年で終わっていますので、その全編年期間は「１３６４年間」ということになります。その場合、『日本紀』はその書名のとおり編年体の体裁で書かれていますから、当然そこには「１３６４年分」の年次記事がなければならないのです。

ところが、『日本紀』が編年した「1364年間」に書かれた年次記事は中身がスカスカで、とうてい「実録」と呼べる体裁になっていないのです。これは一体どういうことなのでしょうか。

そこで私は、これは『日本紀』の編者らが書名の段階から「春秋の筆法」を用いて「後世に真実を示唆しようとしている」のではないかと疑ったわけです。

つまり、『日本紀』は、大和王朝の期間を神武から持統までの「1364年間」に編年しておきながら、実際は「本当の大和王朝の期間」に準じる年次記事数をもって編年しているのではないかという疑いです。

しかし、その場合、今度は本当の大和王朝の起源がいつのことなのかが問題となってきます。

私は、実際の大和王朝の起源は、客観的史料である『三国志』や『後漢書』など中国史書の検証を通じて、倭王卑弥呼と臺与《とよ》の時であった可能性が高いと考えています。

そこで、さらにその起源とすべき具体的年次を考察してみたのですが、それは卑弥呼が亡くなった年であり、かつ、その後継者の臺与が即位した年しかないのではないかと考えたのです。

それは「魏の正始八年（247年）」ということになりますが、『日本紀』が本当の大和王朝の起源を教えようとするなら、この年以外ないのではないかと思われるのです。

なぜなら、卑弥呼の即位年は記録には一切書かれておらず、まったく不明だからです。

仮に、『日本紀』の編者らが本当に年次記事数をもって真の大和王朝の起源とその期間を教えようとしているなら、必ず後世が確認できる年次をもってその始まりの年にしているはずなのです。そう考えた場合、それに該当する年は、卑弥呼が亡くなり、臺与が即位した正始八年（247年）しかないと思います。

そして、この年は「記紀」に書かれた「天岩戸神話」と大変良く似た事件が実際に起こった年でもあるのです。

○『三国志』魏志・倭人伝

❶・（正始八年＝247年）～卑弥呼、以て死す。大いに冢《ちょう》（墓場）を作る。（墓場の）径は百余歩。
　徇葬者は、奴婢百余人。

❷・更《あらた》めて男王を立てるも国中服さず。更《こもご》も相誅殺し、当時千余人を殺す。

❸・復、卑弥呼の宗女壹与（臺与）年十三を立てて王と為す。国中、遂に定まる。

おそらく、「魏志倭人伝」に記された右の❶❷❸の歴史的史実が「記紀」のいわゆる「天岩戸神話」に投影されているものと考えられます。

仮にそうであるなら、『日本紀』の編者らは、その正始八年（247年）を大和王朝の起源として、年次記事を書いている可能性が出てくるのです。

つまり、『日本紀』が編年した「神武紀」（前667年）から「持統紀・十一年」（後697年）までの「1364年間」の中の年次記事数は、右の「正始八年」（247年）から「持統十一年」（697年）までの「451年分」で書かれている可能性があるということです。

『日本紀』の編者らは、「1364年間」という虚偽の編年をする中で、その中身を「451年分」

の年次記事数で書くことにより、それが真の「実録」の年数であり、史実がそこにあることを教えようとしているのだと思います。

　それが立証されれば、『日本紀』が科学的思考のもとに設計されていることと、そこから「真実を後世に示唆しようとしている」という彼らの真意も確認できることになるのです（次図参照）。

（図）・『日本紀』は、実際に書いた「年次記事数」をもって史実を示唆しているのでは？

❶・「史実」（247〜697）

❷・『日本紀』の編年（神武紀〜持統紀）

（天岩戸事件を神話化）

a・天照大神（卑弥呼）↓・天岩戸に隠れる

b・天照大神（臺与）↓・天岩戸から再登場

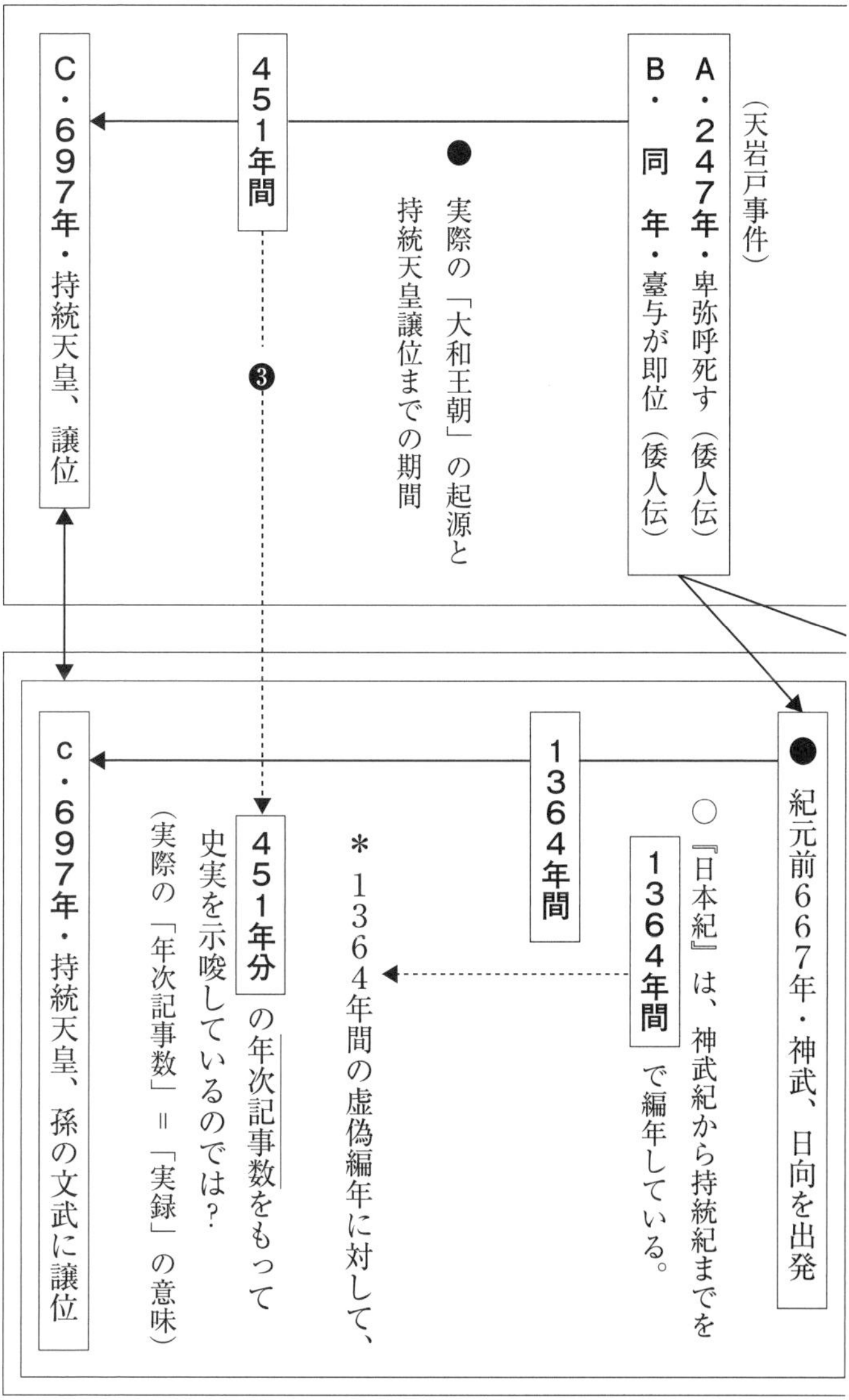
（天岩戸事件）
A・247年・卑弥呼死す（倭人伝）
B・同　年・臺与が即位（倭人伝）
●実際の「大和王朝」の起源と持統天皇譲位までの期間
451年間
❸
C・697年・持統天皇、譲位
●紀元前667年・神武、日向を出発
○『日本紀』は、神武紀から持統紀までを1364年間で編年している。
1364年間
＊1364年間の虚偽編年に対して、
451年分の年次記事数をもって史実を示唆しているのでは？
（実際の「年次記事数」＝「実録」の意味）
c・697年・持統天皇、孫の文武に譲位

●『日本紀』でなければ、教えられない史実

『日本紀』という書名からして、それは必ず「編年体」かつ「実録」でなければなりません。ところが、『日本紀』には「１３６４年間」の編年に見合う年次記事がなく、中身がスカスカになっていて実録の体裁になっていないのです。

しかし、私は、むしろそこにこそわが国最初の国史を『日本紀』という編年体の史書で作ったことの意味があると考えています。

つまり、「１３６４年間」という虚偽の編年を行なう中で「真実を教えるため」に実際の大和王朝の期間「４５１年」（先図❸）と同じ年次記事数で書かれているのではないかと疑ったわけです。

そこで、『日本紀』に書かれた年次記事数、「神武紀」から「持統紀」までの四十代紀を一代ごとにカウントしてみたところ、まさに「４５１年分」の年次記事をもって書かれていたのです。

（表）**1364年間**の編年に対して**451年分**の年次記事をもって作られている

❸「神武」～「仁徳」

代	天皇	在位期間	年次記事数
1	神武	83年間	11年分
帝位の空白・3年間			3年分
2	綏靖	33年間	5年分
3	安寧	38年間	5年分
4	懿徳	34年間	4年分
帝位の空白・1年間			1年分
5	孝昭	83年間	4年分
6	孝安	102年間	4年分
7	孝霊	76年間	4年分
8	孝元	57年間	6年分
9	開化	60年間	5年分
10	崇神	68年間	17年分
11	垂仁	99年間	22年分
12	景行	60年間	24年分

❷「履中」～「推古」

代	天皇	在位期間	年次記事数
17	履中	6年間	6年分
18	反正	5年間	2年分
帝位の空白・3年間			1年分
19	允恭	42年間	14年分
20	安康	3年間	3年分
21	雄略	23年間	23年分
22	清寧	5年間	5年分
23	顕宗	3年間	3年分
24	仁賢	11年間	9年分
25	武烈	8年間	8年分
26	継体	25年間	18年分
帝位の空白・2年間			2年分
27	安閑	2年間	2年分
28	宣化	4年間	3年分

❸「舒明」～「持統」

代	天皇	在位期間	年次記事数
34	舒明	13年分	13年分
35	皇極	3年分	3年分
36	孝徳	10年分	10年分
37	斉明	7年分	7年分
38	天智	10年分	10年分
39	天武	15年分	15年分
40	持統	11年分	11年分
❸小計		**69年分**	**69年分**

「❶❷❸」の総計

全編年期間＝1364年間

年次記事数＝451年分

13	成務	60年間	7年分
帝位の空白・1年間			1年分
14	仲哀	9年間	4年分
……	神功	69年間	21年分
15	応神	41年間	23年分
帝位の空白・2年間			2年分
16	仁徳	87年間	29年分
❶小計		1066年間	202年分

29	欽明	32年間	25年分
30	敏達	14年間	14年分
31	用明	2年間	2年分
32	崇峻	5年間	5年分
33	推古	36年間	35年分
❷小計		(229年間)	180年分

「一帝紀」ごとの「実録」の比率
❶＝実録の帝紀は「0%」
❷＝実録の帝紀は「58・8%」
(17代紀中、10代紀が実録)
❸＝すべて実録＝「100%」

『日本紀』は、「1364年間」の編年に対して、その間を「451年分」の年次記事数で埋めている。私はこれを単なる偶然とは思いません。

『日本紀』の編者らは、『古事記』に記定された「大和王朝万世一系」という虚偽の「帝紀」を遵守しつつ、「日本国の歴史書」を編纂したわけですが、その中で、いかにして「後世に史実を教えるか」を真剣に考え、このような手法を用いたのだと思います。

つまり、「大和王朝万世一系」の歴史は虚偽で、史実は卑弥呼と臺与が交替した「西暦二四七年」からが実質的な大和王朝の始まりと教えているのだと思います。

この手法は、「ルールを破って真実を伝える」という「春秋の筆法」を応用したもので、おそらく、

『日本紀』＝「編年体」＝「実録」という基本的ルールを知っている者だけがこの矛盾に気付くよう設計されているのだと思います。

一方、「紀伝体」の史書の場合、その帝紀はそもそも「実録」として書く必要はなく、つまり毎年の記事を書かなくても良い体裁ですから、そこに何年分の記事を書いているかを検証する意味すらないのです。

したがって、「真実を後世に伝えるため」には、どうしても「編年体＝実録」の体裁を取る必要があったわけで、その意味でもその書名は『日本紀』でなければならなかったのです。

つまり、『日本紀』が編年体であればこそ、なぜそれが「実録」として書かれていないのかという疑問が湧いてくるわけで、そこで初めて『日本紀』に「何年分の記事が書かれているのか」について検証することの意味が生じてきます。

おそらく、『日本紀』の編者らは、編年体の『日本紀』は必ず「実録」であるはずなのに、なぜそうなっていないのかを良く考えなさいと我々読者に問い掛けているのだと思います。

したがって、彼らからのメッセージを受け取る力が現在の我々には要求されているのです。

虚偽の編年をする中で、いかにして「真実を後世に伝えるか」を『日本紀』の編者らが考えていたとするなら、それはやはり、『日本紀』でなければならなかったということです。

この点、「紀伝体」なのか「編年体」なのかさえ分からない『日本書紀』という曖昧な書名のまま検証を続けたところで、彼らの真意はまず理解できないと思います。

いずれにしても、「記紀」の編者らが「春秋の筆法」を熟知し、それを応用している可能性は高いと思います。

「春秋の筆法」とは、「真実を後世に伝えるため」に編み出されたいわば「正義の筆法」です。それを「記紀」編者らが用いているという事実が確認できれば、彼らが「大和王朝万世一系」という建前（虚偽）の歴史に改竄する中でも、何とか「真実を後世に伝えたい」と真摯に考えていたことも分かってくるのです。

さらに、彼らは、その真実を教えるために、現在の科学的検証にも十分堪えうる「科学的手法」を用いて編年していたことも理解できるはずです。

しかし、このような意味を理解するためには、まずはここまで述べてきた「『日本紀』とは何か」ということから真剣に考えておかなければなりません。

なぜなら、そこにこそ日本の古代の真実を解明するためのスタートラインがあるからです。スタートラインさえ分かれば、後は「記紀」の編者らが作ってくれた真実へ続く道を真っすぐに進めば良く、そうすれば必ず彼らが真のゴール地点へと導いてくれるはずです。

そのためにも、「記紀」とは『古事記』と『日本紀』のことであり、「書紀」とは、『日本書』（＝古事記）と『日本紀』の略称と理解しておく必要があるのです。

つまり、「記紀」は「書紀」とイコールで、いずれも『古事記』（＝日本書）と『日本紀』を併せた二書の略称という点において同義ということなのです。

記紀	＝	書紀
↓		↓
古事記と日本紀の略	＝	日本書と日本紀の略

●『日本紀』編者らは「実録」の意味を熟知している

ところで、『日本紀』が編年体の史書であることは周知のとおりですが、問題はその編者らが「編年体」＝「実録」であることを本当に承知していたかどうかです。

私は、彼らがそれを百も承知の上で、わざと中身をスカスカにして矛盾を作ったと考えていますが、念のためにそれを確認してみたいと思います。

彼らが「実録」の意味を良く理解していたことは、先図の編年の仕方を見れば分かるのですが、それを整理して簡単な表にして見てみましょう。

	（A）・編年期間	（B）・年次記事数	実録で書かれた帝紀数
❶ 神武～仁徳	１０６６年間	２０２年分（約１９％）	「１６帝紀」＝「０」
❷ 履中～推古	２２９年間	１８０年分（約７９％）	「１７帝紀」＝「１０」
❸ 舒明～持統	６９年間	６９年分（１００％）	「７帝紀」＝「７」
合計（４０代紀）	１３６４年間	４５１年分（約３３％）	「４０帝紀」＝「１７」

右表から分かることは以下の①②③です。

①、まず❶の「神武～仁徳」までの十六代紀はただ一つとして実録になっておらず、また、その間を「１０６６年」で編年しているにも拘わらず、わずか「２０２年分」の年次記事しかなく、編年に対する年次記事数の比率は「約１９％」しかない。

②、次に、❷の「履中～推古」までの十七代紀は、その内の十代紀が実録になっていて、その比率は「約５９％」になっている。また、その間を「２２９年間」で編年しているのに対して「１８０年分」の年次記事があり、その比率は「７９％」で実録の形に近づいている。

③、最後に、❸の「舒明～持統」までの七代紀は、そのすべてが「実録」になっていて、「６９年間」に「６９年分」の年次記事があり、この間はいわゆる「編年体」＝「実録」の体裁が整えられている。

私がここで強調したいのは、編年に対する年次記事数が右表の❶から❷と時代が新しくなるにつれてだんだん実録に近づいていることと、特に❸の「舒明～持統」の間が完全に実録の体裁になっていることです。

つまり、『日本紀』は、持統天皇十一年（697年）に文武天皇に譲位したところで終わるのですが、次の正史『続日本紀』は、その譲位を受けた文武天皇元年（697年）から書き始められていて、『日本紀』と『続日本紀』の年次が帝位譲位の年できっちりと繋がっていることです。

このことから、やはり『日本紀』の編者らは、「編年体」＝「実録」の意味を良く知っていたと考えられます。

「神武～仁徳（❶）」までの十七代は一代として実録で書かれていないのに、次の「履中～推古（❷）」の間では徐々に実録の体裁になり、最後の「舒明～持統（❸）」に至ると、その間の七代すべてが一年の漏れもなく記事が書かれていて完全に編年体の体裁が整えられているのです。

その上で、同じ編年体の史書である『続日本紀』に引き継ごうとしているのだとすれば、そのことからも彼らが「編年体」の何たるかを良く承知していたであろうことが理解できるのです。

私は、『日本紀』＝「編年体」＝「実録」であることを良く知っていたはずの彼らが、なぜ「編年体」＝「実録」のルールを破っているのかを考えた時、彼らが「春秋の筆法」を用いて「真実を後世に教えようとしている」ことに気付いたのです。

そして、その時から、私は彼らが科学者であることに気付き、その彼らを信じて『日本紀』を検証すれば、必ずその全容は解明できると確信したのです。

三、「日本神話」は、「天子の身分証明書」

●『古事記』に「神話」が書かれたことの意味と意義

ところで、なぜ「記紀」には神話が書かれているのでしょうか。

このような疑問を持つこと自体おかしいと思う方もいると思いますが、私は「記紀」に書かれている神話は、『古事記』を誦習した稗田阿礼が創作し、『日本紀』は基本的にそれを踏襲したと考えています。

そう考える一番の理由は、『古事記』が成立した七一二年のわが国には、すでに「天皇」という尊称で呼ばれる「天子」がいたからで、いわば「日本神話」は、阿礼が「天皇が天子であることの身分証明書」として創作した可能性が高いと考えています。

では、わが国に最初の天子が登場したのは一体いつのことだったのでしょうか。

それは、日中の文献による限り七世紀初頭の「聖徳」の時からということになります。それまでの倭王たちは、歴代の中国王朝に「臣下の礼をもって朝貢」していたという事実があります。

たとえば、

①・「倭王卑弥呼」＝二三八年に魏に「朝貢」。明帝から親魏倭王の爵号を授かる。（魏志倭人伝）

②・「倭王臺与」＝魏と西晋に「朝貢」。中国の爵名（倭王）を授かる。（『晋書』倭人伝）

③・「倭の五王」（実際は「六王」＝仁徳・履中・反正・允恭・安康・雄略）＝四一三年から四七八年までに東晋・南宋に「朝貢」。皆、倭王の爵号と安東大将軍などの官号を授かる。（『宋書』倭国伝）

右のとおり、「聖徳」以前の倭王たちは、歴代中国王朝に「朝貢している事実」があります。

一国の天子が外国の天子に朝貢し、爵名や官号の授与を求めることなど絶対にあり得ません。

ということは、歴代中国王朝に朝貢していた「聖徳」以前の倭王たちは、誰一人として自身を天子とは思っていなかったということになります。

また、わが国最初の天子となった聖徳ですら、即位した当初はそれまでの倭王たちと同じく隋朝に朝貢しているのです。

『隋書』倭国伝には、隋の開祖文帝の開皇二〇年（６００年）に倭王が遣使朝貢し、その時、「姓は阿毎《あま》、名は多利思比孤《たりしひこ》（原文は北孤）、号は阿輩雞彌《おほきみ》（大王）」と称したと書かれています。

ところが、その倭王の多利思比孤が煬帝《ようだい》の大業三年（６０７年）に再び隋に遣使し、煬帝に渡した国書には、「阿輩雞彌《おほきみ》（大王）」ではなく、「日出処天子《ひのいずるところのてんし》」と書かれていたというのです。

さて、一体その七年の間にわが国では何が起こっていたのでしょうか。

『日本紀』によれば、その間の六〇四年に聖徳が「憲法十七カ条」を発布し、その第三条において「天子宣言」を為したと書かれています。

○「憲法第三条」・（６０４年４月３日、聖徳が発布）

・詔《みことのり》を承《うけたまわ》れば、必ず謹《つつし》め。**君をば天とし、臣をば地とす。**天は覆《おお》い、地は載《の》す。四時（春夏秋冬）に順《したが》い行なわば、萬気通うことを得。地が天を覆《くつが》わさんと欲すれば、則ち壊《やぶ》るるに致すのみ。是《これ》を以て、君が言わば、臣《おみ》は承《うけたまわ》り、上《かみ》が行なわば、下《しも》は靡《なび》く。故《ゆえ》に詔を承《うけたまわ》りては、必ず慎《つつし》め。謹《つつし》まずば、自《おのずか》ら敗れなむ。

私は、この「第三条」こそが聖徳が憲法を発布する最大の目的であったと考えています。

周知のとおり、「憲法」とは「国家基本法」であり、「国家存立の理念を謳《うた》ったもの」ですが、その「憲法」という言葉自体、秦代以前の中国で作られていたものです。

聖徳は、その憲法の名の下において、わが国が「天子の国」になったことを堂々と国の内外に宣言し、かつ隋の煬帝に通告したのです。

それは、まさに日本史上における「歴史的大革命」の起こった瞬間だったといえるでしょう。

そして、聖徳はその三年後の六〇七年にその旨を記した国書を小野妹子らに託し、隋の煬帝に告知せしめたのです。これ以降、わが国は中国へ派遣する使者を「朝貢使」ではなく、「遣隋使」や「遣唐使」という表現をするようになるわけです。

一方、それを受けた隋の煬帝は、「夷蛮の書に無礼有り。復《ふたた》び以聞《いぶん》（天子への奏上）すること勿《なか》れ」と不快感を顕わにしましたが、憲法の名の下の「天子宣言」を辞めさせることはできなかったのです。憲法は、それほどに重い意味をもっていたということでしょう。

これ以降、中国はわが国を「天子を戴く国」として暗黙の了解の下に認知せざるを得なくなったのです。この点がほかの国々とは異なるのです。

中国人にとっての天子とは、天命を受けて立つ特別な存在で、それは中華の国である中国に一人いるだけという大前提に立っていましたから、聖徳の天子宣言を公認できるはずもなく、その意味で、聖徳の「憲法の下の天子宣言」にはほとほと手を焼いたのではないかと推察されます。

なお、この当時の隋朝が聖徳の天子宣言を公然と認めてはいないが、暗黙の了解をしていたと思われる記事が『隋書』倭国伝にあります。

○『隋書』俀国伝（倭国伝）

・～新羅・百済は、皆、倭を以て大国と為す。珍物多く、並びて之を敬《うやま》い仰《あお》ぎ、恒《つね》に使を通《かよ》わして往来す。

右文は、本来倭国に対する新羅・百済の「朝貢記事」だったのではないかと私は考えています。しかし、当時の隋朝としては、口が裂けても中国以外の国に、新羅や百済が「朝貢している」とは書けなかったのでしょう。なぜなら、「朝貢」と書いてしまうとわが国の天子の存在を公然と認めたことになるからです。そこで、「大国」とか「敬仰」「恒に往来」などという遠まわしの妙な言い方をしているのではないかと思われます。

●聖徳以降のわが国は「天子を戴く国」、三韓は「臣下の国」

たとえば、新羅国は六世紀初頭の頃からまるで天子の国であるかのような振る舞いを勝手にしていました。それは、新羅が密かに「年号」を建てていたことを指すのですが、年号や正朔《せいそ》（暦）を建てるのは「天子の特権」であるにも拘わらず、新羅は法興王の二十三年（523年）から眞徳女王の四年（650年）までの間、勝手に独自の年号を用いていたのです。

ところが、眞徳女王の二年（648年）、唐に遣使朝貢した際、時の皇帝太宗から無断で年号を用いていることを厳しく咎《とが》められたのです（『三国史記』新羅本紀）。

そこで、その時の新羅の使者邯帙許《かんちつきょ》は、次のように釈明し、太宗皇帝に謝罪しています。

○　帙許《ちっきょ》言《いわ》わく、「曾《かつ》て是の天朝、未《いま》だに正朔（暦）を頒《わか》たず。是故《これゆえ》に、先祖の法興王以来、私《ひそか》に紀年（年号暦）有り。若《も》し大朝（唐）の命と有らば、小国（新羅）、又何ぞ敢《あ》えてせんや。」と。太宗、之を然《しか》りとす（宥《ゆる》す）。

（『三国史記』新羅本紀・眞徳王・二年の条）

このように、新羅は法興王二十三年（536年）以来、中国の天子に無断で「私年号」を建て続けていたことを謝罪し、この年（648年）以降、新羅は滅亡する九三五年まで二度と自らの年号を建てることはなく、中国の年号暦を使用することになります。この点は、高句麗・百済も同様で、自ら天子を称したり、年号を建てたりすることはなかったのです。

一方、その頃のわが国は、ちょうど大化の改新（645年）の頃でしたが、中国の文献（『新唐書』）によれば、わが国が「大化・白雉・大宝」など独自の年号を建てていたことや、また改元を行なっていた事実を淡々と記録するだけで、新羅とは違いその使用を止めるよう咎めたという記録は一切ありません。

この点、『隋書』倭国伝には、倭国は中国と良く似てはいるが「別の暦」を使用していたように書かれています。

つまり、聖徳が憲法の下に「天子宣言」を為して以降、中国側はたとえ暗黙の下ではあっても、わが国を「天子を戴く国」として認めざるを得なかったということなのです。

それほどに聖徳が発布した「憲法」とその「第三条」は、わが国のみならず東アジア史上においても重要な意味を持っていたということになります。

なお、わが国が聖徳以降、「天子を戴く国」という国体を有したのに対して、新羅・高句麗・百済の三国が自らの国を、日本や中国の「臣下の国」と認めていたことは、双方の正史である『日本紀』と『三国史記』を比較してみると良く分かります。

	「中国年号」使用の有無	王の称号	死の表記
❶・『日本紀』	原則なし。日本の年号を使用	天皇（＝天子）	「崩」
❷・『三国史記』	三国とも中国の年号を使用	王（＝諸侯王）	「薨」

前項の表のとおり、七世紀初頭の頃のわが国は、「天子を戴く国」であることを国の内外に向けて周知させるための正史を堂々と書くことができる国になっていたのです。

一方、十二世紀の高麗国の時に成立した三韓の歴史書『三国史記』（1145年成立・金富軾《きむふしょく》撰）によれば、新羅・高句麗・百済の三国は、あくまでも「天子を戴く日本国や中国」に対して「臣下の国」であったことを公にしているのです。そのことは、右の「年号」や「死の表記」などを見れば一目瞭然です。

また、その『三国史記』を読むと分かりますが、わが国の「記紀」にはある「天地開闢《かいびゃく》神話」がなく、いわゆる民話的な「卵生神話」しか書かれていません。

それは、三韓の国々には「天子がいなかった」からで、「年号」と同じく「天地開闢から始まる天子の身分証明書的な始祖伝説」を書くことは許されていなかったためと考えられます。

『三国史記』の「卵生神話」をあえて日本の話に譬《たと》えるなら、「桃から生まれた桃太郎」や「竹から生まれたかぐや姫」のような民話的なもので、とうてい「天子の身分証明書」にはなり得ないものなのです。

つまり、その国体において、「天子を戴く国」と「臣下の国」とではその史書の体裁が根本的に異なるということなのです。

●「日本神話」は、稗田阿礼が「天子の身分証明書」として創ったもの

いずれにしても、聖徳以降のわが国は、「天子を戴く国」へと大変貌を遂げたわけですが、それ以降、

「天子の国にふさわしい帝紀と旧辞が要る」という国家的欲求が強まっていったものと推察されます。

そして、聖徳が没してからおよそ半世紀後の天武天皇の時に至って、初めて「天子の国にふさわしい正しい帝紀と旧辞」の誦習が稗田阿礼に命じられたのです。

それが『古事記』として成就したのは、それからさらに三十年ほど経過した七一二年・元明女帝の時だったわけですが、その内容は驚くべきもので、推古女帝以前の倭王たちの全員が天皇、つまり「天子」として「帝紀に記定」されていたのです。

さらにその天皇が天子であることの身分証明として「天地開闢神話」や「降臨神話」まできちんと書かれていたのです。それこそが天武天皇のいう「正しい帝紀」の意味だったのでしょう。

阿礼は、天皇とは天子であり、天子とは天の子であるから、そもそも「天とは何ぞや」から説明しなければ「天皇が天子であることの身分証明」にはならないと考えたのだと思います。

たしかに、古来中国では、儒家を中心に「天とは何ぞや」の議論が盛んに行なわれていて、それが天文学の発展に寄与すると同時に、天地開闢神話などの体系付けにも一役買ったようです。

しかし、わが国には元々そのような神話はなかったはずで、聖徳が登場するまでは半島の新羅や高句麗・百済の「卵生神話」と同じく、「民話的神話」の一つもあれば良かった国だったのです。

ところが、聖徳の憲法発布によって突如「天子を戴く国」となったわが国は、それ以降、「天とは何ぞや」から始まる「天子の身分証明書付きの神話」を必要とする国へと変貌したのです。

そういう意味で、『古事記』に「天地開闢」や「天孫降臨」の神話が実際に書かれていることの意味と意義は大変大きいと思います。

なぜなら、そのような「天とは何ぞや」から始まる神話は「天子を戴く国」になって初めて必要となったものであって、それ以前の「臣下の国の時代」には必要なかったからです。

「臣下の国」の時代には、そのような大それた神話は、三韓の国々と同じく、国家事業として書くことさえできなかったはずです。

したがって、『古事記』に天子の身分証明書ともいえる「天地開闢神話」が書かれ、なおかつ、その『古事記』が聖徳以降に書かれたにも拘わらずそれがわが国最古の文献となり、それ以前の「大和王家の系譜」を記した文献が一切存在しないという事実を鑑みた時、『古事記』によって「日本神話と帝紀が創作された」ことを意味していると考えて良いのではないでしょうか。

そして、そのことは『古事記』というタイトルにも表れていると思います。

四、『古事記』という書名の意味とその筆法

『古事記』とは文字通り「古き事を記す」です。しかし、何をもって「古き事」というのでしょうか。私はそれを「天子（天皇）のいなかった古き時代を記す」という意味に解しています。

つまり、『古事記』という書名には、「天子の登場」をもって古き時代が終わり、それ以降は「新しき天子の国」の始まりというメッセージが込められているように思われます。

その『古事記』は、推古女帝をもって終わっていますが、本当は「聖徳天子」で終えたかったはずなのです。ところが、『古事記』は、ある事情（後述）によって聖徳を天皇として帝紀に記定できなかったために、やむなく次帝の推古女帝をもって「古き事の終わり」としてしまったのです。

後世（八世紀中葉）、天智天皇の玄孫淡海《おうみの》三船《みふね》が「記紀」に記定された歴代天皇に「漢風諡号《しごう》」を奉《たてまつ》った時、『古事記』最後の天皇豊御食炊屋姫《とよみけかしきやひめ》の諡《おくりな》号に「推古」と名付けたのも、おそらく「古きことの意味を推しはかりなさい」というメッセージを込めているものと推察されます。

いずれにしても、なぜ『古事記』は、聖徳・推古までをもって「古き事の終わり」とするのか。

それは、おそらくわが国初の天子が「聖徳だったことを教示するため」であると同時に、「天子のいなかった古き倭国《やまとのくに》の時代」から「天子を戴《いただ》く新しい倭《やまと》王朝の時代」へと変わった「歴史的ターニングポイント」がそこにあることを『古事記』という書名によって示唆しているものと考えられます。

●『古事記』は、皇室にとって唯一絶対の系譜書として記定された

いわゆる大和王朝とは、三世紀初頭の倭王卑弥呼が興した王国がその起源であることはまず間違いないと思います。少なくともそれ以前のわが国に、統一王国の存在を確認できる考古学的成果はなく、強いて言えば一世紀から二世紀にかけて奴国王の時代のあったことが中国の文献（『後漢書』や『三国志』）で確認されるのみです。

したがって、それ以前の弥生時代や縄文時代・石器時代まで遡って考えても、とうてい大和王朝の起源をその時代にまで遡求することはできないのです。

ところが、わが国の『古事記』では、その大和王朝の系譜が神代から書き起こされ、しかも「万世一系」となっていて、大和王朝は太古の昔から連綿と天子の系譜を繋いできたかのように記されているのです。しかし、それが史実でないことは明らかでしょう。

三世紀の卑弥呼や臺与を始祖とする大和王朝の系譜を『古事記』は万世一系に書き換えたのですが、その実行犯は、当然それを誦習した稗田阿礼ということになります。

阿礼は、天武天皇に「天皇家にとっての正しい帝紀」の記定を命じられ、それを創作したのですが、天皇家にとっての正しい帝紀とは、「天皇が天子であることの身分証明書」でなければなりません。そして天皇が天子であることを証明するためには、そもそもその天子を生成した「天とは何ぞや」から説明する必要があったのです。

しかし、前述したように、倭王卑弥呼以来の「ヤマト王国」が天子を戴く「ヤマト王朝」へと変遷

を遂げたのは、六〇四年の聖徳による憲法発布以降のことでした。

したがって、天子の身分証明書となる「天地開闢神話」もそれ以降初めて必要となったもので、それ以前の天子のいないわが国にそのような「神話」は不要だったのです。

それが六〇四年に聖徳が発布した憲法の第三条に「君をば天とし、臣をば地とす」と記定して以降、わが国は突如「天子を戴く国」となり、やがて七一二年に成立した『古事記』の中で天皇が天子であるための「身分証明書」としていわゆる「日本神話」が創られたのです。

つまり、日本の神話は『古事記』編纂時点で初めて必要となって書かれたもので、それが阿礼の創作であることは自明といえます。

問題は、時の元明女帝が『古事記』で天皇の系譜を記定させたことによって、以降それが皇室にとって「唯一絶対の正統な系譜書」になったことです。

以降、『古事記』に記定された天皇の系譜は、正誤に関わりなく何人たりとも一切手を加えることが出来なくなったのです。それだけ『古事記』の系譜は絶対的なものとなり、後世に対して強い制約と抑止力を持つことになったのです。

ここに『古事記』成立の歴史的意義とそれに関わる問題の本質があるといえます。

いずれにしても、『古事記』が成立したことによって、皇室は唯一絶対の天子の系譜書を手にしたわけで、それが神話から始まる「大和王朝万世一系」の系譜で記されたのは必然的であったといえます。

そして、その『古事記』の成立を待って始まったのが日本国史の編纂という国家事業でした。

つまり、日本国の歴史を書くには、どうしても皇室の系譜が必要だったわけです。『古事記』が成立した二年後の七一四年から国史の編纂が始まり、その六年後（720年）に完成したのが『日本紀』でした。その経緯が『続日本紀』には次のように書かれています。

①・「元明天皇の和銅七年（714年）二月の条」
戊戌《（十日）》、従六位上・紀《きの》朝臣《あそん》清人《きよと》と正八位下・三宅臣《みやけのおみ》藤麻呂《ふじまろ》に詔し、国史を撰せしむ。

②・「元正天皇の養老四年（720年）五月の条」
是より先、一品舎人親王《とねりしんのう》に勅《みことのり》を奉《たまわ》り、**日本紀**を修めしむ。是に至りて功成り、紀卅巻（三十巻）・系図一巻を奏上す。

右のとおり、七一二年に『古事記』が成立したその二年後には、元明女帝の勅命の下、国家事業として「国史」の編纂が開始され、さらにそれから六年を経た元正女帝の時（七二〇年）にそれが『日本紀』として成就したのです。

このような「記紀」成立の経緯を見ても、『古事記』と『日本紀』が密接な関係にあることが分かります。

そして『古事記』と『日本紀』それぞれの「帝紀」を比較すると、神武天皇から推古天皇まで双方のそれがピタリと一致しているのですが、それは当然で、国史の『日本紀』編纂の前にまず『古事記』で天皇の系譜（帝紀）を確定させていたからです。

一方で、その「記紀」編纂に関わった当事者らはもちろんのこと、当時の朝廷の人たちは、「記紀」に記された「大和王朝万世一系」の系譜が史実でないことは当然良く承知していたはずです。

なぜなら、『古事記』成立の時点で「大和王朝万世一系」の系譜に書き換えているわけですから、当時の人たちは書き換える前の本当の系譜について良く承知していたはずなのです。

しかし、六〇四年聖徳が憲法を発布して以降、中国と同じ「天子を戴く国」へと変貌を遂げたわが国は、中国（唐朝）の律令制を積極的に取り入れ（模倣し）つつ、「天皇親政」体制の強化を図っていたのです。

そういう状況下でわが国としても中国同様、天子を戴く国にふさわしい「帝紀」と「国史」が必要となったと考えられます。そういう時代背景の中で成立したのが『古事記』という天皇の系譜書（帝紀）だったのです。

したがって、稗田阿礼は当時の大和王朝がじつは三世紀の倭王卑弥呼を起源とする王朝だとは口が裂けても言えない立場にあったのです。

あくまでも、今上天皇は天の子であり、神話の天上の世界から誕生した天子としての万世一系の系譜の中に記定しなければならなかったのです。それが『古事記』と『日本紀』に共通する「建前」なのです。

重要なのは、『古事記』の稗田阿礼や『日本紀』の舎人親王らが、そういう当時の皇室の建前とは別に「史実を後世に伝えたい」と真摯に考えていたことです。

私は、「記紀」解明に当たっては、特にこの点を強調したいのです。

従来の「記紀」研究に欠けていたのはこの視点であり、今までは「記紀」編者らの歴史科学者としての真の能力を正当に評価できていなかったと考えています。

そこで以降、「記紀」は「史実を後世に伝えようとしている」という点について順を追って解説してみたいと思います。

●『古事記』と『日本紀』は一心同体！

さて、ここまで『古事記』成立の意義と意味について述べてきましたが、大切なのは、その『古事記』の成立によって天皇の系譜が確定し、それによって日本国史の編纂が可能となったことです。『古事記』の成立を待って国史『日本紀』の編纂が始まったことの意味はそこにあります。

結果として、「記紀」の帝紀は、名前・順番・男女の別などにおいてすべて一致しているのですが、それは当然で、『古事記』の「帝紀」の強い制約の中で『日本紀』が編纂されているからです。

つまり、『古事記』あってこその『日本紀』ということです。『古事記』がなければ、『日本紀』も成立し得なかった。それほど『古事記』と『日本紀』は「天皇の系譜（帝紀）」という点において密接な関係にあると考えておかなければなりません。

その一方で、「記紀」は、表面上の体裁や史料性格は大きく異なるのですが、その実もっとも重要な「帝紀」の部分では特に密接な関係にあることを良く理解しておかなければなりません。

現在の専門家で、私のように『古事記』と『日本紀』の関係を密接（一心同体）と考える人は少なく、中には無関係とまで断言する人たち（故坂本太郎氏ら）もいますが、そのような考え方ではまず「記紀」

の全容解明は無理といわざるを得ません。

『古事記』は歴史書というよりも天皇家内々の系譜書的性格が強く、一方の『日本紀』は編年体の日本国の歴史書という性格で、たしかに表向き両者の体裁はまったく異なります。しかし、その実、神話から始まる天皇の系譜という点では極めて密接な関係にあるのです。

したがって、「記紀」は常に一緒に机上に並べて比較検証しなければ本当の歴史が見えてこないように作られているのです。

つまり、『古事記』と『日本紀』は「一心同体」ということです。

『日本紀』は、『古事記』に記定された神武天皇以下の系譜を遵守しながらも、じつは科学的手法を用いて「真実を示唆しようとしている」のです。

それを理解するためには、『古事記』に対して『日本紀』が何をしているのかという視点が必要となります。その視点に立った時、初めて真実が分かるように『日本紀』は設計されているのです。

その意味については、以降、順を追って解説しますが、その一例としては、先に述べた「１３６４年間」の編年に対して「４５１年分」の年次記事を書くことで、ヤマト王朝の起源が卑弥呼と臺与の交替した西暦二四七年であることを示唆していることが挙げられます。

また、『古事記』も、天地開闢から始まる「大和王朝万世一系」の系譜に改竄してはいますが、その実、中身を良く読んでみると随所に意図的な矛盾（「春秋の筆法」か）が見られ、そこでその矛盾点を良く検証してみると、真実が見えてくるように作られているのです。

そこで、まず『古事記』の矛盾点から検証してみましょう。

●稗田阿礼は、日本神話が自身の創作であることを吐露している

ここまで『古事記』と『日本紀』は一心同体であり、さらに『古事記』あってこその『日本紀』と述べてきましたが、それほどに『古事記』成立の意義は、わが国の歴史上において重要なものなのです。特に『古事記』に書かれた「神話」にはよほど注意しておかなければなりません。

なぜ、『古事記』が日本最古の文献になっているのか。この点だけをとっても『古事記』成立の目的が垣間見えていると思います。

「日本神話」はその『古事記』によって初めて書かれたもので、その『古事記』が「日本最古の文献」になっているという事実は、それが天皇家にとって唯一絶対の「正しい帝紀」として確定したということを逆説的に証明しているといえるでしょう。

つまり、日本神話が『古事記』成立時に創作されたとすれば、結果的に『古事記』に書かれた神話こそが日本最古の創作神話ということになるのです。

そして、それを創ったのが古代史上の奇才と私が評価する稗田阿礼その人だったのです。

稗田阿礼は、大和王朝の始祖が倭王卑弥呼や倭王臺与であり、その起源が三世紀初頭（２４７年）であったことは良く理解していたと思います。

しかし、その起源を「天地開闢」にまで遡った上に、その系譜を天照大神以降、「大和王朝万世一系」として説明するわけですから、当然史実との間には多くの問題が派生することになりました。

世界的にみても、時として神話が史実を反映している可能性のあることはすでに実証されています

が、それは日本神話においても同じことがいえるのではないかと考えています。つまり、日本の神話も相当の部分において史実を神話化している可能性が高いように思えるのです。

しかし、それも天照大神誕生以降の話であって、それより前の神話はほとんど史実とは無関係に阿礼が創作したものと考えています。なぜ、そう断言できるのか。

それは、当の阿礼自身が「神話の大部分は私が創作しました」と告白しているに等しい言い方（誦習）をしているからです。

●稗田阿礼は、日本神話を「木に竹を接ぐ話」として創った

その第一は、阿礼が天照大神誕生の前後の神話においてわざと大きな矛盾を創っている点です。つまり、「天地開闢から天照大神誕生直前までの神話」と「天照大神誕生以降の神話」とでは、まったく別物になっていて辻褄が合わないのです。

一見、天照大神の生成神話は、イザナギとイザナミの「国生み神話＋神生み神話」の延長線上に書かれているように見えますが、両者の間には大きな断裂があって、そこに連続性はなく、絶対にその前後が結び付かないように阿礼は創作しているのです。残念ながら現在までそのことの本当の意味に誰も気付いていないようです。

では、「天照大神生成神話」の前後において、どのような断裂があるのでしょうか。

天地開闢からイザナギ・イザナミによる「国生み＋神生み神話」までは明らかに中国の神話を借りたもので、「陰陽五行説」などの中国思想によって説明されています。

それに対して天照大神生成以降の神話は、「陰陽五行説」などまったく無関係の話になっていて、明らかに天照大神生成神話を境にして、まるで別世界の話になっているのです。

中国の神話が「陰陽五行説」や「男尊女卑思想」によって体系付けられるのは、前漢以降（前200年頃）のことで、それは三国時代の頃にほぼ完成の域に達したようですが、日本神話の天照大神生成までの神話は、ほとんどそれを借用する形で創られているのです。

○・「中国神話」の基本的体系・（『白虎通義』・『三五歴記』・『淮南子《えなんじ》』などを参照した）

❶・陰陽説と男尊女卑思想
「陽」は尊く、「陰」は卑しい（男尊女卑に通ず）

❷・「盤古」という「陽気」から生じた絶対的独神《ひとりかみ》が天地を剖《わ》ける。

❸・やがて天地開闢を成し遂げた陽神盤古の体が万物へと化成する。
たとえば、**「左目は、日（太陽）に化成」**・**「右目は、月（太陰）に化成」**・「息は、大気に化成」・「頭は、山々に化成」・「産毛は、草木に化成」・「血管は、道路に化成」・「体内の寄生虫は、庶民に化成」などなど

❹・「陽」の代表例　　「陰」の代表例

「陽」		「陰」
（太陽）日	↔	月（太陰）
天	↔	地
男	↔	女

❺・天（陽）は左旋し、地（陰）は右廻す。

❻・天（陽）が唱えれば、地（陰）は和する（従う。または合わせる）。

中国の神話は、右のような「陰陽説」や「男尊女卑」などの思想体系で創られているのですが、日本神話の「天地開闢」からイザナギ・イザナミの「国生み・神生み神話」までは、基本的に皆その「中国神話」を模倣もしくは緩用する形で書かれているのです。

たとえば、右❸の「盤古」の「左目が太陽に化成」し「右目が月に化成」するなどは、明らかに「天照大神・月読命・須佐男命」の三神誕生神話の基になっているものです。

しかし、その中でも特に私が注目するのは、日本神話の場合、天の御柱を陽神のイザナギが左旋し、陰神のイザナミが右廻するところまでは中国の陰陽説のルール通り（右の❺と❻）に書かれているのですが、その後、そのルールを間違い、陰神のイザナミが「結婚しましょう」と唱え、陽神のイザナギがそれに和したために、不具の御子（蛭子《ひるこ》）が生まれるという中国にはない話を阿礼が創作している点です。

そもそも中国には、陽神と陰神が左旋・右廻した後に結婚し、国や神を生むという話自体がないのです。しかも、陰陽のルールを間違ったという話も聞いたことがありません。

しかし、阿礼はそれを陽神と陰神の神婚話に創り変えた上で、陰と陽の神がルールを間違ったために不具の御子が生まれるという失敗譚まで創作しているのです。

なぜ、そのような失敗譚を意図して創ったのか。それはこの失敗譚を創作することによって、日本神話の初めが「陰陽説」によって創られていることを強調するためと考えられます。

つまり、「陰陽のルールを間違うととんでもないことになる」と強調することで、日本神話も中国の陰陽五行思想をベースとして創られているかのように繕《つくろ》うためなのです。

ところが、イザナギとイザナミの二柱は途中からそれぞれが勝手に神々を生成し始め、遂には黄泉国から還ったイザナギは禊《みそぎ》をする中から二十六柱もの神々を独りで生成しているのです。

しかも、その最後にイザナギ自身が「最も貴い三神」という天照大神・須佐男命・月読命を自らの身体から生成するのですが、その最も貴い三神は、それまでの陰陽説をまったく無視した形で生成されているのです。

それは、左目から生成された天照大神は「日の神」ですから太陽の化身ということになりますが、太陽は、そもそも「最上の陽」の意味があって「陽神＝男神」でなければならないのです。

ところが、『古事記』の天照大神は、スサノオ命の「姉」、つまり「女神」と書かれていて、これは中国の「陰陽説」では絶対に説明がつかないことなのです。

この点、『日本紀』の場合は、天照大神を「大日孁尊《おおひるめのみこと》」と書いていますが、「ひるめ（日孁）」は女性ですから、やはり天照大神は「女神」ということになります。

その女神が父イザナギの左目から太陽の化身の「日の神」として誕生してくるという話自体、それまでの陰陽説とはまったく相反するもので、そこには大きな矛盾が露呈しているのです。

また、イザナギは、女神の天照大神に「天上の高天原《たかまがはら》」の統治を命じ、弟の須佐男命には「地上の海原」の統治を命じていますが、これも陰陽のルールをまったく無視したものです。

中国では、「天＝陽（男）」で「地＝陰（女）」ですから、天上はあくまでも陽神（男神）が統治する世界なのです。

この点からみても、日本神話の「天照大神の誕生」以降は、「天と地」、あるいは「陽と陰」が完全にひっくり返り、中国では絶対にあり得ない思想体系で書かれていることになるのです。

イザナギは、最初に不具の御子が生まれたのは陰陽のルールを間違ったためだと天神から諭され、それ以降そのルールをきちんと守って神々を生成していたはずなのに、最後の最後に「天照大神・須佐男命・月読命」の三神を生成する時になって、突如としてそのルールを破ったことになるのです。

しかも、陰陽のルールを無視して生成した天照大神や須佐男命を今までの神々の中で「最も貴い神」とまで言い切っています。これは明らかにおかしいのです。

元々、わが国の古代に「陰陽説」など存在するはずがなく、陰陽説で塗り固めたような「天地開闢神話」や「イザナギ・イザナミの神婚神話」などあり得ないものだったのです。

むしろ、その矛盾をより強調するために、わざと陰陽説や男尊女卑思想のルールを間違えてみせ、不具の蛭子が誕生したという失敗譚まで創作しているのだと思います。

そうすれば、天照大神の生成譚と、それまでの陰陽説に基づいた万物生成神話との間により大きな乖離と矛盾が生じ、それが大きくなればなるほど、そこから読者が史実を読み取ることができるはずと阿礼は計算していたのだと思います。

三世紀の「魏志倭人伝」によれば、倭王の卑弥呼や臺与は明らかに女王だったと書かれていますが、その女王の存在自体、当時「陰陽説」全盛の中国では到底あり得ないことでした。

しかし、それは逆の見方をすれば、三世紀当時のわが国に厳然として女王が存在していたという事実から、神話に使われたような中国の「陰陽説」や「男尊女卑」思想などあるはずがないということが分かるのです。

中国では卑しい「陰神」の女神（女王）が、なぜわが国では「日の神」や「天上の支配者」の「陽神」になれるのか。そのことの意味を良く考えなさいと阿礼は言っているのだと思います。

つまり、天照大神誕生以降の神話は、わが国の史実を神話化したもので、それ以前の天地開闢や国生み・神生み神話などは、中国のそれを借りて創ったということを示唆しているのです。

阿礼は、当時の天皇家にとっての「正しい帝紀」を創作するために、中国の「陰陽五行」や「男尊女卑」思想に基づく神話の体系を借りてきたわけですが、天照大神誕生以降は、三世紀の史実を神話にしたために、その両者の間に大きな矛盾が生じることになったのです。

なぜ、阿礼は日本独自の神話を創らず、わざわざ中国の神話の体系を借りて「日本神話」を創作したのか。

それは、「大和王朝万世一系」の歴史に改竄しながらも、「天照大神」＝「卑弥呼と臺与」であることを教えようとする史家としての正義の心が阿礼にあったからだと思います。

いま私は、中国の歴史を「節のある竹」に、そしてわが国の大和王朝の歴史を千八百年の樹齢をもつ「一本の桜の木」に譬《たと》えています。

阿礼は、その一本の「桜の木」の根元に、中国の「竹」の一節（神話の部分）を切って接《つ》いでみせたのです。まさに、「木に竹を接《つ》ぐ話」とはこのようなことをいうのではないでしょうか。

そして、「桜の木」に、けっして「竹」を接《つ》ぐことはできないのです。

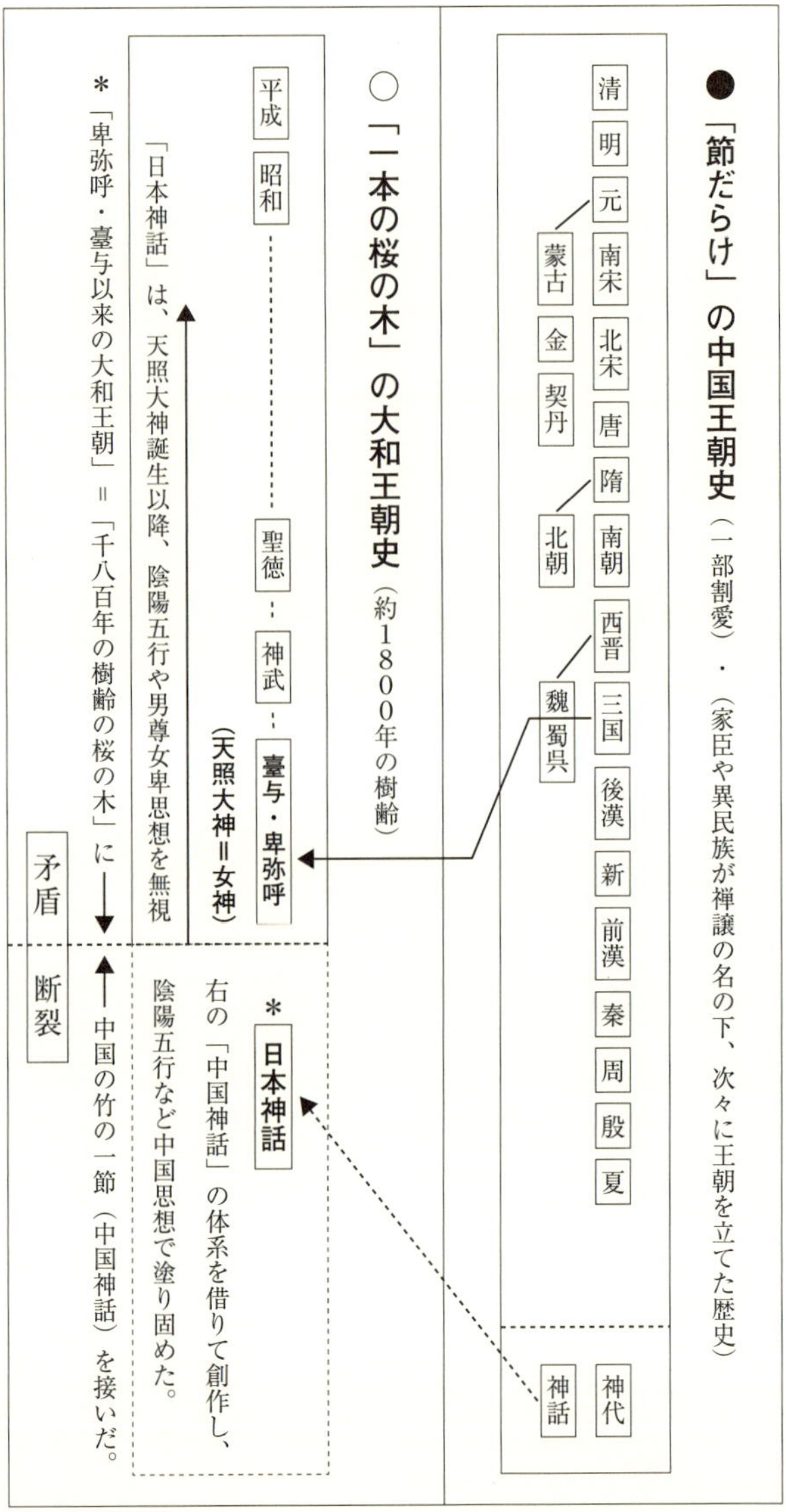

●「記紀」で「祖先神が違う」ことの意味

さて、ここまで『古事記』の神話は「阿礼の創作」の可能性が高いと述べてきたのですが、その『古事記』と『日本紀』の間には、書かれた祖先神が異なっているという不可解な点があるのです。
「記紀」は、「大和王朝万世一系」の歴史に書き換えている点で共通しているわけですから、当然その祖先神も同じでなければならないはずなのです。

A・『古事記』の祖先神

1. 天之御中主神《あまのみなかぬしのかみ》 ―― 独り神
2. 高御産巣日神《たかみむすびのかみ》 ―― 独り神
3. 神産巣日神《かみむすびのかみ》 ―― 独り神
4. 宇麻志阿斯訶備比古遅神《うましあしかびひこぢのかみ》 ―― 独り神
5. 天之常立神《あまのとこたちのかみ》 ―― 独り神

❶ **上記五柱の神は、別天神** ?・?・?

B・『日本紀』（本文）の祖先神

なぜ、『古事記』の「別天神五柱」が『日本紀』に書かれていないのか?

6・国《くに》之《の》常立《とこたち》神《のかみ》――（一代）独り神

7・豊雲《とよくも》野《の》神《かみ》――（二代）独り神

この二柱も独り神

8・宇《う》比《い》地《ぢ》邇《に》神《のかみ》
9・妹《いも》・須《す》比《ひ》智《ぢ》邇《に》神《のかみ》
――（三代）夫婦神

10・角杙《つのくい》神《のかみ》
11・妹《いも》・活杙《いくぐい》神《のかみ》
――（四代）夫婦神

12・意《お》富《ほ》斗《と》能《の》地《ぢ》神《のかみ》
13・妹《いも》・大《お》斗《ほと》乃《の》弁《べ》神《のかみ》
――（五代）夫婦神

14・於《お》母《も》陀《だ》流《る》神《のかみ》
15・妹《いも》・阿《あ》夜《や》訶《か》志《し》古《こ》泥《ね》神《のかみ》
――（六代）夫婦神

1・国常《くにとこ》立《たち》尊《のみこと》――独り神

2・国《くに》狭《さ》槌《づち》尊《のみこと》――独り神

3・豊《とよ》斟《くむ》渟《ぬ》尊《のみこと》――独り神

❷この三柱は陽気から生じた男神

4・泥《う》土《い》煮《ぢに》尊《のみこと》
5・沙《す》土《いぢ》煮《に》尊《のみこと》
――夫婦神

6・大《お》戸《ほと》之《の》道《ぢ》尊《のみこと》
7・大《お》苫《ほとま》辺《べ》尊《のみこと》
――夫婦神

8・面《おも》足《だる》尊《のみこと》
9・惶《かし》根《こね》尊《のみこと》
――夫婦神

16・伊耶那岐神《いざなぎのかみ》
17・伊耶那美神《いざなみのかみ》
（七代）夫婦神

以上、6～17までを「（天神）七代」と称す

以下は、「（地神）五代」

①・天照大神
②・天忍穂耳命《あまのおしほみみのみこと》
③・邇邇芸命《ににぎのみこと》
④・日子穂穂出見命《ひこほほでみのみこと》（山幸彦）
⑤・鵜草葺不合命《うがやふきあえずのみこと》

10・伊奘諾尊《いざなぎのみこと》
11・伊奘冉尊《いざなみのみこと》
夫婦神

以上、「天神七代十一柱」

以下は、「（地神）五代」

①・大日孁尊《おほひるめのみこと》（天照大神）
②・天忍穂耳尊《あまのおしほみみのみこと》
③・瓊瓊杵尊《ににぎのみこと》
④・彦火火出見尊《ひこほほでみのみこと》（山幸彦）
⑤・鸕鶿草葺不合尊《うがやふきあえずのみこと》

ところが、前表のとおり、その最初に登場する神が「記紀」で異なっているのです。

『古事記』には、最初に登場する神は、（❶）「天之御中主神《あまのみなかぬしのかみ》・高御産巣日神《たかみむすびのかみ》・神産巣日神《かみむすびのかみ》・宇麻志阿斯訶備比古遅神《うましあしかびひこぢのかみ》・天之常国立神《あまのとこくにたちのかみ》」という五柱の独り神と書かれていますが、『日本紀』の本文にはその五柱がなく、（❷）「国常立尊《くにとこたちのみこと》・国狭槌尊《くにさづちのみこと》・豊斟渟尊《とよくむぬのみこと》」の三柱をその最初の独り神としているのです。

しかも、『日本紀』が最初に書いた「国常立尊《くにとこたちのみこと》」は、『古事記』では六番目に登場する神なのです（表参照）。これは一体どういうことなのでしょうか。

『日本紀』の編者らは、『古事記』も良く読んでいたはずで、そこに書かれた右（❶）の「天之御中主神」以下五柱の神々のことは当然承知していたはずなのです。それをなぜ書かないのか。

私は、ここにも『古事記』と『日本紀』を並べて比較検証することの意味があると考えています。つまり、『古事記』に対して『日本紀』が何をしているのかという見方をすることによって、真実が見えてくるのではないかということです。

おそらく、稗田阿礼は、本当の大和王朝の起源が三世紀の卑弥呼と臺与の時にあることを良く知っていながら「大和王朝万世一系」の系譜と歴史に改竄したと思われますが、その一方で、その大和王家に先行する「奴国王家（後の出雲王家）」の歴史が大和王家の前にあったことを示唆しようとしているのではないかと考えられるのです。

つまり、先の「天之御中主神」から始まる五柱の神々が、じつは大和王家に先行して樹立されていた「奴国王家の祖先神」であることを教えようとしているのではないかという疑いです。

そういう視点から『古事記』に書かれた最初の五柱の神々（表上段A）を良く見てみると、そこには次のような不可解な説明文が付いているのです。

○　上記、五柱神者、**別天神**（上記五柱の神は別天神）。
（天之御中主神《あまのみなかぬしのかみ》・高御産巣日神《たかみむすびのかみ》・神産巣日神《かみむすびのかみ》・宇麻志阿斯訶備比古遅神《うましあしかびひこぢのかみ》・天之常国立神《あまのとこくにたちのかみ》の五柱の神々を書き終えた後、その神々について右文の説明がなされている）。

（『古事記』・卜部兼永《うらべかねなが》筆本より）

さて、一体この「別天神」とはどういう意味なのでしょうか。

私は、『日本紀』本文でこの「別天神・五柱」が書かれていないという事実から、やはりこの五柱の神々は大和王家の祖先神ではなく、文字通り「別の神々」で、それは「奴国王家の祖先神」のことではないかと考えています。

なぜ「記紀」で最初の祖先神が異なるのか。それは右のように考えなければ説明がつかないと思います。そして、『古事記』に対して『日本紀』が何をしているのかという視点に立った時、その事実が見えてくるように「記紀」は作られているのだと思います。

●別天神の「天之御中主神」は、奴国王家の始祖神の意味か

そこで、今度はその別天神五柱を「奴国王家の祖先神ではないか」という視点から見てみると、その最初に書かれた「天之御中主神」の名が「奴国の主《なぬし》」という意味にも解される神名になっているこ

とに気付きます。

また、いま一つこの「天之御中主神」という名の不可解な点は、なぜ最初に登場したこの神だけに「主《ぬし》」が付いているのかということです。

この点、『古事記』は、歴代の出雲王（奴国王）を「大国主」・「事代主」・「大物主」というように皆「主」扱いにしているのですが、「御中主」というのは、その出雲奴国の「主《ぬし》たち」の始祖神というほどの意味なのではないでしょうか。

さらに、この「御中主」とは、もしかすると「御《み》中《な》主《ぬし》」の意味で、「中」は「な」で「御《み》奴《な》主《ぬし》」と読ませようとしているのかもしれません。

たしかに、万葉仮名では、「中」を「な」の表音文字に使用している例があります。

たとえば、歴代天皇の諡号などの表記の中に次のような用例があります。

	❶綏靖天皇	❷四道将軍の一人	❸敏達天皇	❹天武天皇
古事記	神沼《ぬな》河耳命	建沼《ぬな》河別命	沼《ぬ》名《な》倉太玉敷命	
日本紀	神渟《ぬ》名《な》川耳尊	武渟《ぬな》川別	渟《ぬ》中《な》倉太珠敷尊	天渟《ぬ》中《な》原瀛真人天皇

右表をみると、「ぬな（沼《ぬま》の意）」の音表記に、「沼《ぬな》」「渟《ぬな》」「沼《ぬ》名《な》」「渟《ぬ》名《な》」「渟《ぬ》中《な》」の漢字が用いられていますが、その時、「中」を「な」の音表記に使っていることが分かります。

したがって、「御中主」は、「みな主」、つまり「御《み》奴《な》主《ぬし》」の意味にも解せるのではないでしょうか。

ただし、万葉仮名で「中」を「な」と読むことは可能だとしても、「中《な》」＝「奴《な》」という関係が成り立つのかという問題があります。

つまり、「中」は「な」と読めても、「奴」を「な」と読むことが出来るのかという疑問があるのです。なぜなら、万葉仮名で「奴」を「な」と読んだ例がまったくないからです。

しかし、私は、「中《な》＝奴《な》」の関係は十分に成立すると考えています。

その理由は、以下のとおりです。

①・三世紀の「倭人伝」に書かれた「奴」の字は、黄河流域の「漢音」を喋る魏使たちが当時の「倭人語」を「漢音で写した表音文字」ですが、その漢代の頃の「奴」の字が上古漢音では「な（nsg）」と発音されていたことが音韻研究史上でほぼ確実視されています。

②・一方、『古事記』に用いられた漢字は、いわゆる「万葉仮名」と呼ばれる表音文字ですが、その音は揚子江流域に首都を置いていた南朝の「呉音」であり、「倭人伝」の「漢音」と比較すること自体に根本的な問題があります。

『古事記』に使われている万葉仮名は、四世紀中葉以降、初めて華南の南朝から教わった「呉音」の漢字が主に用いられていますが、それを華北の洛陽からやって来た魏使たちの北方漢音と精緻な比較をすること自体、ほとんど意味がないと思われます。

現在でも北方漢音（北京語）と南方呉音（広東語）との間には、「方言以上の違いがある」と言われていますので、三世紀に北方漢音で写された「奴（な）」の字を、四世紀中葉以降に習得し、

『古事記』に用いられた「呉音」の「ぬ（nú・nuo）」と同じように読むべきであるとする考え方自体に正当かつ整合的な理由がないということです。

③・また、『日本紀』に用いられた「奴」の万葉仮名は、南朝から教わった「南方呉音」の「ぬ」と共に、七世紀頃「隋」や「唐」から新たに習った「北方漢音」の「ど（ndo）」の音としても併用されています。それを整理すると次表のようになります。

	魏・西晋時代	南北朝時代	隋・唐の時代
「呉音」の「奴」の変遷	「?」	「ぬ」（nú・nuo）	「ぬ」（nú）・「の」（no）
「漢音」の「奴」の変遷	「な」（nag）	「?」	「ど」（ndo）
	まだ倭人が、漢字を知らない時代	漢字を知り、「呉音」を習う	七世紀に「漢音」を習う

右表から見えてくるのは、三世紀末頃までの「奴」は「漢音」では「な（nag）」であり、それが七世紀頃の「隋」や「唐」の時代になると「ど（ndo）」に変わっているという事実です。

したがって、「倭人伝」の「奴」の音の変遷は、あくまでも「漢音」の変化の中で検証すべきもので、それを「呉音」と比較してもほとんど意味はないということです。

いずれにしても、「奴」の字がわが国の『古事記』や『万葉集』では「ぬ」の音に使われ、『日本紀』では「ぬ」「の」「ど」の三音に用いられてはいても、「な」の音に使われていないのもまた事実です。しかし、それはわが国が四世紀中葉以降、「奴」は呉音の「ぬ（の）」、もしくは漢音の「ど」という音でしか習っていなかったからです。

つまり、三世紀の魏使たちが倭人語の「な」の「漢音」表記に「奴《な》」の字を当てていたものが、やがて「奴」は、七世紀の頃の漢音では「な」から「ど」に変わっていたということでしょう。

	南朝の「呉音」	隋朝・唐朝の「漢音」
『古事記』に使われた「奴」の音	「ぬ」	使用せず
『日本紀』に使われた「奴」の音	「ぬ」・「の（「ぬ」の転訛か）」	「ど（「な」の転訛か）」

以上から、「上古漢音」では「な（nag）」と発音されていた「奴」の字は、隋・唐の頃の「中古漢音」の時代には、「ど（ndo）」に転訛していたのだと思います。

したがって、「魏志倭人伝」の「奴国」は、「ナコク」と読んで構わないと思いますが、その時、「奴《な》＝中《な》」の可能性は十分あると考えます。

この点、『日本紀』や『和名抄』などには奴国の故地といわれる福岡市とその周辺に「那《な》の津」「長《なが》津」「那珂郡《なかのこおり》」「那珂《なか》川」などの地名が記録されていますが、それらを見ても、「な＝なか」の関係は肯定的に捉えて良いのではないでしょうか。

なお、『日本紀』本文は、『古事記』の「大国主命」を「大巳貴神《おほなむち》」と書き換えていますが、ここからも「国」＝「己《な》」という関係が見えてきます。

なお、「己」は、「汝」や「吾」などと同じで「な」とも訓《よ》まれています。

古代アルタイ語圏での共通言語として「な」が「国・大地」などの意味に使われていたことが言語学者らによって明らかにされていますが、そこから、「大国主命＝大巳貴神」＝「奴国王」という関係も指摘されます。

この点、わが国には全国に「産土神《うぶすなのかみ》」が祀られていますが、この「うぶす・な」とは「国（土）生み」のことですから、ここからも「国（土）＝な」という関係が確認できます。

以上のことから、私は、『古事記』に書かれた「天之御中主神」以下の五柱の神々は、じつは「奴国の主たちの祖先神」であり、阿礼は、大和王家の祖先神の前に意図してそれをくっつけたのではないかと考えています。

つまり、史実は「大和王朝万世一系」ではなく、大和王朝の前に「奴国の時代」があったことを教えようとしているのだと思います（次表参照）。

（Ⅰ）・【史実】（私見）

一〜二世紀末

A・天之御中主神以下五柱の神々（別天神五柱）← （奴国の祖先神）― ❶奴国の時代（倭奴国王・倭国王帥升ら）

国譲り →

三世紀初頭

B・天神七代十一柱の神々 ← （大和の祖先神）― ❷大和の時代（卑弥呼・臺与が開祖）

A は、❶の奴国王家の祖先神。B は、❷の大和王家の祖先神。

（Ⅱ）【古事記】

①・A＋B＝❸大和王家の祖先神 のように装った。

②・その一方で、A を「**別天神**」と書き、それが大和王家の祖先神でないことを示唆。

（Ⅲ）【日本紀】

①・A の「別天神」の五柱を書かない。

②・B だけが真の「大和王家の祖先神」であることを示唆している。

私は、奴国が一世紀から二世紀末までは糸島平野（旧福岡県前原市）に首都を置き、福岡市やその周辺を直轄支配し、倭王として君臨していた時代があったと考えています。

その時、糸島平野には「オオナ」と呼ばれる奴国王がいて、福岡市とその周辺には「スクナ」と呼ばれる二人の奴国王がいたと考えています。

しかし、その奴国王たちも、やがて二世紀末頃に勃発した「倭国大乱」によって糸島平野や福岡平野などから追われ、出雲に放逐されたと推察しています。

この点、「記紀」には、「大巳貴神《おおなむちのかみ》（大穴牟遅《おおあなむぢ》）」と「少名彦那神《すくなひこなのかみ》」という大小二柱の「なノ神」が出雲で「国造り」を行なったと書かれていますが、おそらくそれは「倭国大乱」で北部九州を追われた奴国王のことを神話化しているものと考えられます。

その奴国王を出雲に放逐したのがヤマト王家を中心とする勢力だったと考えています。

阿礼は、このような史実をあくまでも「大和王朝万世一系」の歴史に改竄したわけですが、その時、ヤマト王朝成立の前に「奴国の時代」があったことを示唆するために意図して奴国の祖先神の五柱をヤマトの祖先神の前にくっつけたのではないかと考えられるのです。

それが「別天神」の意味であろうと推察します。

一方、『日本紀』の本文は、その五柱の神々を割愛し、『古事記』では六番目に書かれた「国常立《くにとこたち》神《のかみ》」をその最初の祖先神の「国常立尊《くにとこたちのみこと》」として書いているのです。

それは阿礼が『古事記』で「別天神」とした五柱の神々が、じつは大和王家の祖先神ではなく「奴国系の神々」であることを暗に示唆するためと考えられます。

いずれにしても、なぜ「記紀」で祖先神が異なるのか。ここにも『古事記』と『日本紀』を並べて検証することの意味があると思います。

また、そのような検証によって史実が見えてくるように「記紀」は設計されているのですが、その意味でも、『古事記』と『日本紀』は一心同体といえるのです。

そして、「記紀」の全容解明のためには、常に『古事記』に対して『日本紀』が何をしているのかという視点が必要になってくるのです。

五、「天孫降臨」神話は、阿礼が八世紀の科学的知見をもって創作したもの

私は、邪馬台国は「糸島平野にあった」と結論していますが、本書ではその詳細は述べませんので、拙書『陳寿が記した邪馬台国』（海鳥社）・『魏志倭人伝解読』（愛育社）を参照してください。

ただ、『古事記』の中に「邪馬台国＝糸島平野説」の傍証となり得る記事がありますので、ここではそれを取り上げておきたいと思います。

また同時に、糸島平野は「日本神話」の舞台でもあったと考えています。つまり、日本の歴史（有史）は「糸島平野から始まる」と考えているわけです。

それを立証する意味でも、『古事記』の「天孫降臨」神話は、その有力な傍証になり得ると考えています。

●「天孫降臨」神話の舞台「葦原中国《あしはらのなかつくに》」は、「糸島平野」

『古事記』には、「天孫降臨」神話の舞台「葦原中国《あしはらのなかつくに》」は「筑紫の日向」にあったと書かれています。

その「筑紫の日向」がどこにあったのかということが問題なのですが、現在では宮崎県や鹿児島県などがその有力地と考えられているようです。

しかし、宮崎県や鹿児島県を葦原中国とする解釈は、あまりにも文献上の根拠に乏しく、いかにも後世による牽強付会的な解釈に拠っているとしか思えません。

そのような曖昧な解釈のまま、その土地の為政者や商売人らがそれを利用して「地域おこし」や「町おこし」を行なって良いものかどうか、良く考えていただきたいと思います。

そもそも「葦原中国」とは、出雲の大国主命から譲り受けた「葦原水穂の国の中心」というほどの意味ですから、そこは人がほとんど住んでいないような険しい山岳地帯や高山の頂などではなく、当時の倭国の中心地だった所で多くの人々が住んでいた「首都」のはずなのです。

また、その葦原中国とは、伊耶那岐神《いざなぎのかみ》と伊耶那美命《いざなみのみこと》の二柱の神が生成した島々の中にあったはずなのです。そこで、この二柱の神が生成した「筑紫嶋《つくしのしま》」の個所を見てみましょう。

○『古事記』上巻（神代・国生み）

～次に「筑紫嶋」を生む。此《こ》の嶋、亦《また》身一つにして面《おも》四つ有り。面毎《おもごと》に名有り。

故《かれ》、❶「筑紫国《つくしのくに》」を白日別《しらひわけ》と謂《い》う。↓（現福岡県にほぼ相当）

❷「豊国《とよのくに》」を豊日別《とよひわけ》と謂《い》う。↓（現大分県全域＋福岡県の豊前）

❸「肥国《ひのくに》」を建日向日豊久士比泥別《たけひむかひとよくしひねわけ》と謂《い》う。↓（現佐賀県＋長崎県＝肥前国）

❹「熊曾国《くまそのくに》」を建日別《たけひわけ》と謂《い》う。↓（現熊本県と鹿児島県の一部）

右のとおり、『古事記』の「国生み」神話を見ると、筑紫嶋には四つの面（国）があると書かれていますが、伊耶那岐神と伊耶那美命の二柱の神が神婚によって「筑紫島」を生成した時点では、現宮崎県の「日向国」と現鹿児島県の「大隈国・薩摩国」の三国はまだ生まれていないのです。つまり、二柱の神が生成した当初の「筑紫嶋」の中には、「日向・大隈・薩摩」は含まれていないということです。

これを現実的に捉えるなら、日向・大隈・薩摩の南九州一帯は、まだ原初ヤマト王家の勢力圏内には属していなかったということを意味しているのだと思います。

この点、「記紀」によれば、「日向国」がヤマト王家の支配下に置かれたのは、天孫の邇邇芸命《ににぎのみこと》が降臨した後の山幸彦や第十二代景行天皇の時以来ということになっています。

また、そもそも「日向国」という名が付けられたのは、『日本紀』によれば、その景行天皇が筑紫嶋を巡狩（平定）した時であったと書かれているのです。

○（景行）十七年（87年）春三月戊戌《つちのえいぬ》朔《ついたち》（十二日）己酉、子湯縣《こゆのあがた》に幸《みゆき》し、丹裳小野《にものおの》に遊ぶ。
時に、東を望み、左右（の者に）に謂《かた》りて曰《いは》く、「是《この》の国は、直《ただ》日の出《いづ》る方《かた》に向けり」と。
故《ゆえ》に、其の国を號《なづ》けて「日向《ひむか》」と曰《い》ふ。
（『日本紀』・景行十七年の条）

このように、「日向国」という名が付けられたのは、天孫降臨からかなりの時を経た時点ということになっています。つまり、天孫の邇邇芸命《ににぎのみこと》が降臨した時点では、まだ「日向国」は存在していないと考えなければならないのです。

私は、この「日向国」とは、「魏志倭人伝」に書かれた「投馬《つま》国」のことと考えていますが、卑弥呼の支配下にあった「投馬国」は出雲奴国系の外様の国であったろうとも考えています。

仮に、これで良ければ、三世紀の卑弥呼や臺与（天照大神）の時には、まだ「投馬国」と呼ばれる国だったのに、それがやがて三世紀末に神武が南九州を平定して以降、外様の「投馬国」の官人らは、皆ヤマト譜代の官人に代えられてしまい、同時にその国名も「投馬国」から「日向国」へと改名されたのであろうと推慮しています（後述）。

いずれにしても、邇邇芸命が降臨した葦原中国は、先の「筑紫国（❶）」・「豊国（❷）」・「肥国（❸）」・「熊曾国（❹）」という四つの面（国）の中のいずれかにあったと考えるべきで、「筑紫の日向」に降臨したという記述から推察するなら、それは「筑紫国の日向」と解する以外ないであろうと思います。

○　竺紫《つくし》の日向《ひむか》の高千穂の久士布流多気《くしふるたけ》に天降《あも》り坐《ま》す。　（『古事記』上巻・神代）

そこで、右の「竺紫の日向」という地名が「筑紫国」の中にあるのかどうかが問題ですが、私が邪馬台国に比定している「糸島平野」にその地名が遺存しているのです。

「日向」については、今も「日向峠」や「日向川」の名がありますし、その日向川の源を発する山を昔は「日向山」と呼んでいたと思われる記録が『怡土《いと》志摩郡地理全誌』にあります。

その「日向山」は、現在では「東《ひがし》の原《はる》」と呼ばれているようですが、「東」は、「日向《ひむか》し（日迎《ひむか》し）」が「ひんがし」になり、やがて今の「ひがし」になったといわれていますので、「日向山」＝「東の原」と考えて良いと思います。

○『怡土志摩地理全誌』・(大正二年に東京糸島会が監修・刊行したもの)

高祖村《たかすむら》

~椚《くぬぎ》、(二十四戸、慶長の頃、黒田長政、村の南の野地《のぢ》を開き、田地とすべしと、手塚水雪に命じられし書状、今も農民、田中が家にあり。

其の書に、五郎丸(高祖連山の山麓一帯)の内、「**日向山**」に新村押立《おしたつる》とあれば、椚村《くぬぎむら》は此時立《このときたて》しなるべし。民家の後に、あるを、「**くしふる山**」と云《いふ》。故《ゆゑ》に、**くしふる**と、云《い》ひしを訛《なま》りて、秏《くぬぎ》(椚)と云《いふ》とぞ。田中は、元亀天正の間《ころ》、原田家より與《あた》へし文書、三通を藏《ぞう》す。)~以下省略

右のとおり、糸島平野の東にある高祖連山の中に、「日向山」や「くしふる山」という山名のあったことが記録に自然な形で遺されています。

おそらく、この「日向山」のことを古来「日を迎える神聖な山」として崇め、「くしふる山」と称していたのではないかと考えられます。

故原田大六氏は、糸島の平原遺跡の「一の鳥居」から見た時、そのほぼ真東に位置する「東の原」の山頂から彼岸の中日の朝日が昇るように設計されていることを突き止められ、平原遺跡の被葬者と大日孁尊《おおひるめのみこと》(天照大神)との関係を説いておられましたが、「大日孁尊=卑弥呼」とは考えていなかったようです。

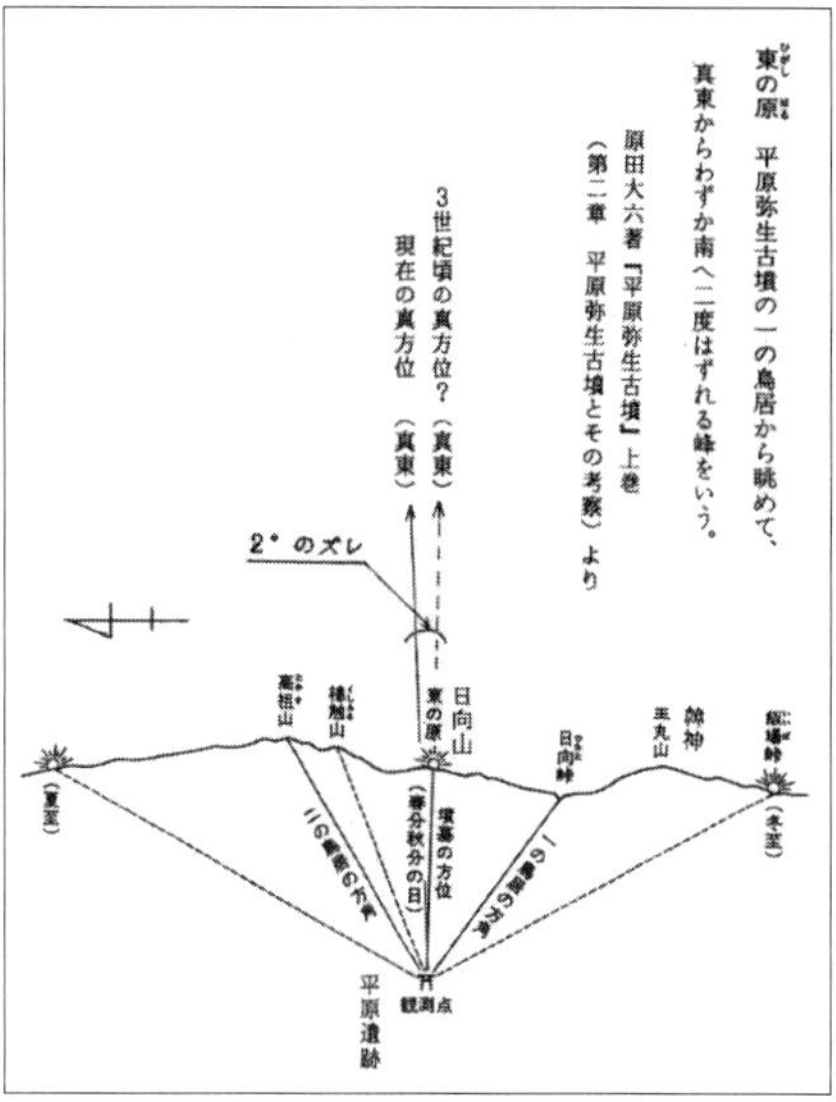

原田大六著『平原弥生古墳』上巻より
転載・加筆

この点、私も「平原遺跡」と「東の原」の位置関係から、平原遺跡の被葬者やその一族が太陽を崇拝する人たちであったという点については原田氏に同調します。

しかし、私の説は「邪馬台国＝糸島平野」であり、同時にその「糸島平野」が神話の舞台であるという確信も持っていますので、「大日孁尊（天照大神）＝卑弥呼」と考えているわけです。

したがって、「天孫降臨」神話も当然この糸島平野がその舞台になっているものと確信しています。

さて、『古事記』には、邇邇芸命が天孫降臨した「久士布流多気《くしふるたけ》」に降り立ってその葦原中国を称えて詠《うた》ったという四句の詩が記載されています。

私は、この四句の詩は、古代からの伝承ではなく、稗田阿礼が八世紀の天文学の知見をもって自ら創作したもので、この詩を通して必ず「葦原中国（＝邪馬台国）」がどこにあったのか分かるように創っているのではないかと疑ってみました。

それが立証できれば、『古事記』も阿礼の科学的思考によって科学的に設計されているという可能性がより高まるのです。

○『古事記』上巻

此《こ》の地は、

❶韓国に向かい、

❷笠沙の御前《みさき》（岬）に真来《まき》通り、

❸朝日の直《ただ》刺す国、

❹夕日の日照る国。

故《かれ》、此《こ》の地、其れ吉《よ》き地《ところ》。

この四句は、降臨した「久士布流多気」から見て、「東西南北」の四方位上にある対象を選んで詠んだものと考えられます。ただし、その方位は一切書かれていないのです。

しかし、この四句を良く見てみると、❸と❹に「朝日」と「夕日」が使われていますので、それが東西の方位にある対象を指していることはすぐに分かります。

そうすると、残りは「南」か「北」かということになりますが、韓国は日本列島、それも九州から見て「北」にありますので、笠沙の御前が「南」ということになります。

つまり、この四句に「方位」を加えて詠むと、「北は韓国に向かい、南は笠沙の御前に真来通り、東は朝日の直刺す国、西は夕日の日照る国」となるのです。

ただ、「北の韓国」・「東の朝日」・「西の夕日」は、九州から見た時、それぞれの方位内にある代表的対象物であることは間違いありませんが、これではあまりにも漠然としていて、観測地点の「久士布流多気」や「葦原中国」がどこなのかはまったく特定できません。

そこで阿礼は、南だけは、「笠沙の御前」という一定点に対して「真来通り」、つまり真っすぐ向かっていると表現してみせたのだと思います。

なぜなら、南を「薩摩国」や「阿多郡」などと広い地域を対象にしてしまうと、北部九州のほとんどがその観測地点の候補地になり得てしまうからです。

つまり、東西南北すべての対象を漠然としたものにしてしまうと、降臨の地を教えることができなくなってしまうのです。

そこで南だけは、二つの定点が真っすぐ向き合っていると表現したのだと思います。

おそらく阿礼は、次図のようなイメージを頭に描きながら、この「四句」の詩を創ったのではないでしょうか。

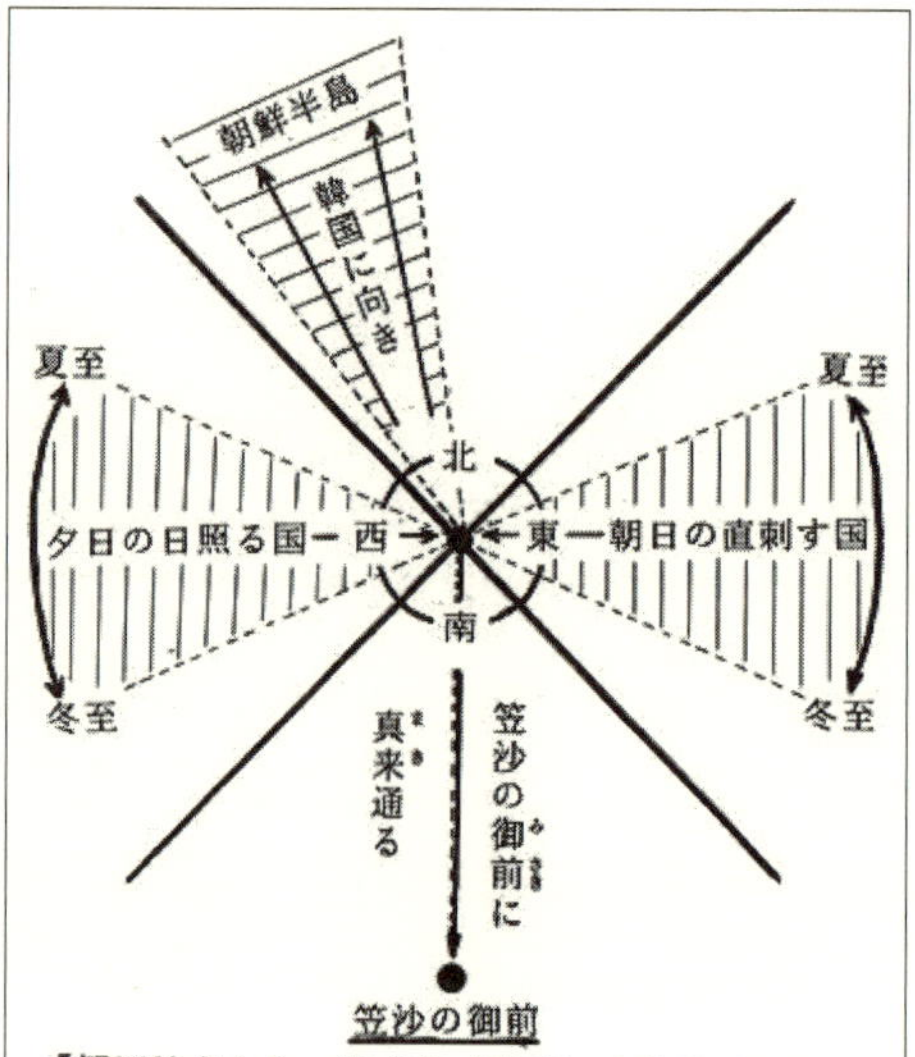

【観測地点から、真方位（真南）に位置する】

なぜ、阿礼は、南だけ「笠沙の御前」という一定点に対して「真っすぐ向かっている」と表現したのか。それは、そうしなければ、観測地点である「くしふるノ峰」の場所を後世に教えることができないと考えたからでしょう。
「降臨の地」と「笠沙の御前」の二定点が南北で真っすぐ向き合っていると表現した時、初めてその観測地点がどこか分かるように創っているのです。

そこで現在の我々は、その「笠沙の御前」がどこにあるのかを調べれば良いことになります。

●笠沙の御前は、東経130度約11分にある

「笠沙の御前」がどこにあったかについては、すでに多くの見解が示されていますが、「記紀」には「薩摩国の阿多郡の長屋の笠沙の御前」と書かれていますので、それらの地名が現存する鹿児島県の野間半島内の岬と考えて良いと思います。

また、阿礼が「笠沙の御前に真来通り」と表現していることから推察すると、この岬は、北に突き出した岬の可能性が高いと考えます。北の観測地点から南の笠沙の御前に真っすぐ向いているというのですから、受ける側の笠沙の御前は北に突き出した岬なのではないでしょうか。

「笠沙の御前」は、北に向かって突き出した岬か

以上のことを勘案した結果、私は「笠沙の御前」とは、旧笠沙町役場の目の前にあって、ほとんど真っすぐ北に突き出した細長い岬がそれであろうと考えています（図参照）。

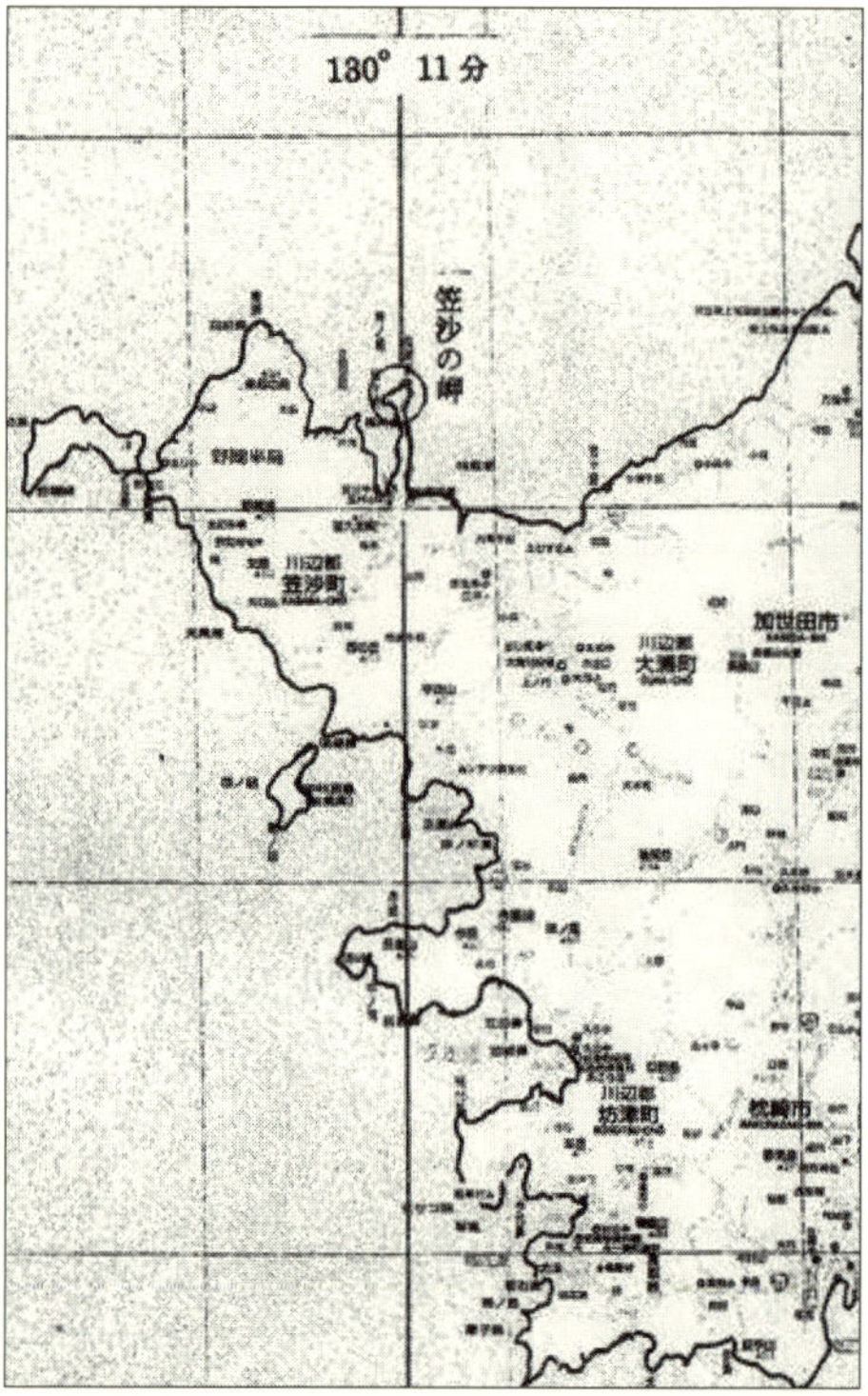

私は、右図の○で囲った突端が阿礼のいう「笠沙の御前」であろうと考えています。
そこで、その東経線を調べてみると、「東経１３０度約１１分」であることが分かりました。
おそらく、この東経線を真っすぐ北上した先に降臨の地の「くしふるノ峰」と「葦原中国」があるはずで、そしてそれは必ず「糸島平野」に辿り着くはずなのです。

○「笠沙の御前に真来通り」は、糸島の「くしふる山」に立って詠ったもの

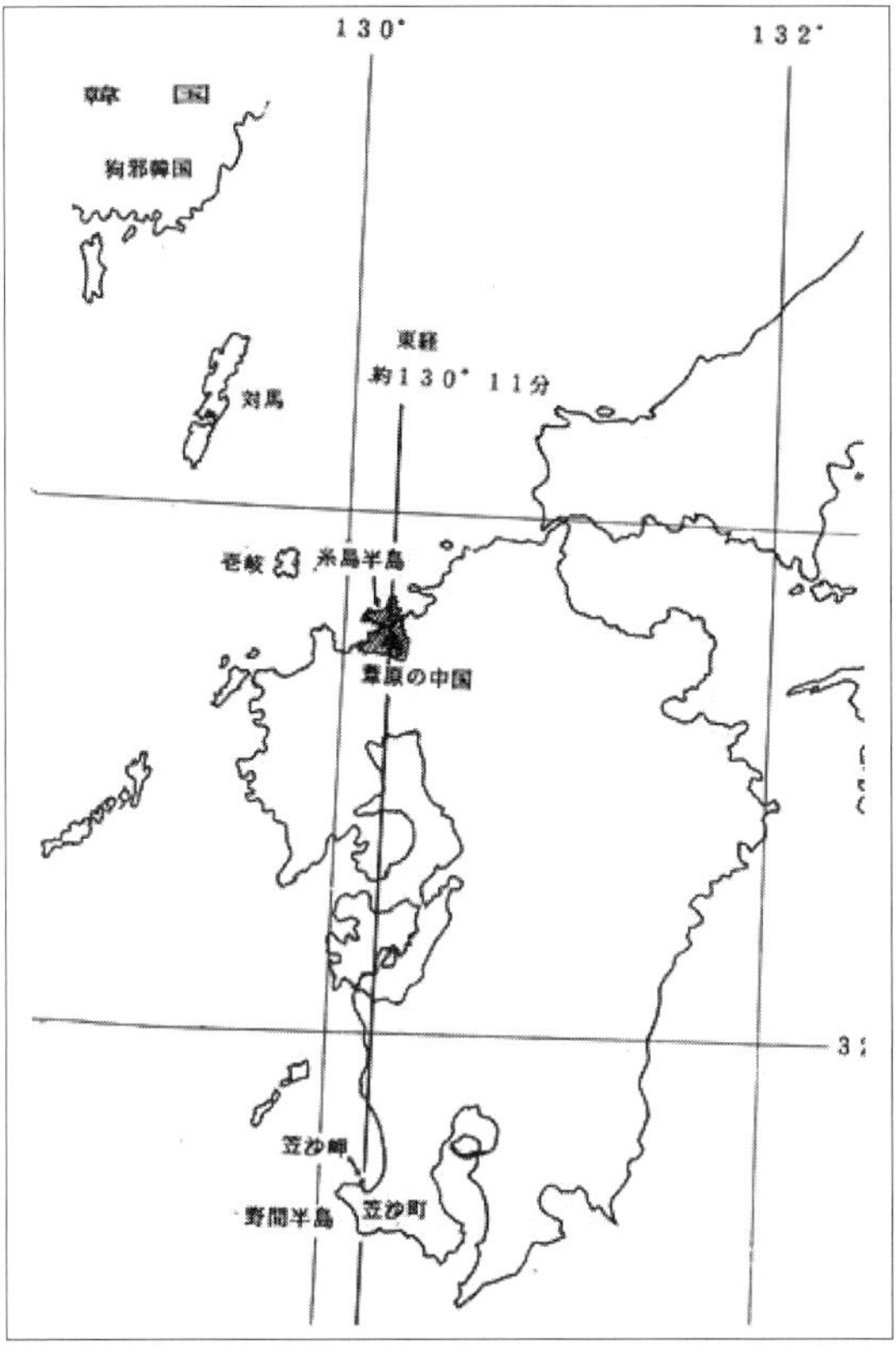

右図のとおり、「糸島平野」と「笠沙の御前」は、東経130度約11分の東経線上で真っすぐ向

き合っていることが分かります。

そして、糸島平野には「日向」や「くしふる山」という降臨の地の関連地名が遺っているという事実を鑑みるなら、「北は韓国に向かい、南は笠沙の御前に真来通り、東は朝日の直刺す国、西は夕日の日照る国」の詩は、やはり「糸島平野」の「くしふるノ峰」から詠ったものと考えて良いのではないでしょうか。

おそらく阿礼は、いわゆる三世紀の邪馬台国が糸島平野にあり、卑弥呼が大和王朝の開祖であったことは良く理解していたと思います。

しかし、天武の勅命によって、それを「大和王朝万世一系」の系図と歴史に改竄してしまった時、今度はいかにして「真実を後世に伝えるか」に全力を傾注したと考えられます。

『古事記』は、成就するまでにおよそ三十年の年月を要していますので、おそらく阿礼はその間に九州や出雲などを渉猟し、神話の構成を考えたのではないかと推察しています。

また、ここで考察した「糸島平野」と「笠沙の御前」が現在の東経線上で真っすぐ向き合っているなどという事実を考える時、それは八世紀における最先端の天文学上の知見を習得していた阿礼が自ら現地にやって来て観測した結果であろうと考えています。

なぜなら、日本神話のほとんどが阿礼の創作と考えられ、その場合、阿礼以前に「天孫降臨」神話などがあったとは考えられないからです。

『古事記』がわが国最古の文献になったというのも、阿礼が初めて天子の国にふさわしい帝紀と旧辞を創作したことにそのもっとも大きな原因と理由があると思います。

いずれにしても、稗田阿礼は日本の歴史を「大和王朝万世一系」に改竄しながらも、その一方で、科学的思考に基づく科学的な方法を用いて何とか「後世に真実を伝えよう」としているのだと思います。ここで検証した「天孫降臨」神話もその典型例といえるのですが、やはり阿礼は、太安万侶がその序文で秀才と称賛しているように、私も阿礼を稀代の天才で正義心をもった良識人であったと高く評価したいと思います。

なお、やや本書のテーマから外れるかもしれませんが、私の「邪馬台国＝糸島平野説」についてかなり強力な傍証がまた一つ出てきましたので、あえてここで紹介しておきたいと思います。

それは十世紀初頭に成立した『和名抄《わみょうしょう》』の中にありました。

●『和名抄』に「邪馬台国＝糸島平野説」の傍証があった！

『和名抄』（正式名は『倭名類聚鈔《わみょうるいじゅしょう》』）は、朱雀天皇の承平年間（９３１～９３８年）に源順が撰録したもので、日本最初の「漢和辞書」であると同時に、日本最古の「地理辞書」的性格を併せ持つ文献です。

私がその『和名抄』に関心を持った理由は、その中に記録されている「郷《さと》」の名にあります。

『和名抄』には、全国６８カ国（壱岐・対馬の二島を含む）の郡名と郷名が記録されていますが、その中にすでに滅亡したはずの古代氏族の名の地名があるのです。

ここでいう古代氏族とは、「物部・大伴・蘇我・葛城・平群《へぐり》・巨勢《こせ》」の六氏族のことですが、その六氏族の内、「物部・大伴・蘇我・葛城」の四氏族は六四五年の大化の改新までに滅亡しているのです。

滅亡した四氏族（豪族）

	天皇名	氏族名	滅亡した年代	一氏族としての地位を失った理由ほか
1	雄略	葛城	467年頃	兄安康を殺した眉輪王と葛城円大臣を雄略が誅殺。
2	欽明	大伴	431年頃	任那政策の失敗と物部氏との権力争いに敗れ失脚。
3	用明	物部	587年	用明天皇亡き後のいわゆる神仏戦争に敗れて滅亡。
4	皇極	蘇我	645年	乙巳《きのとみ》の変で入鹿が殺され、父蝦夷も自害して滅亡。

滅亡した氏族名の地名がなぜ十世紀まで遺されているのか。ここに私は疑問を感じたわけです。その疑問を持つきっかけになったのは、天皇直轄地だった畿内五カ国の中には滅亡を免れた平群と巨勢の地名は遺っているのですが、畿内五カ国以外の全国には滅亡したはずの四豪族の地名が遺されているからです。

ふつうに考えても、それらの地名は滅亡した以降に付けられたとは考えにくく、おそらく神武の近畿東遷後、神武が全国平定のために派遣した王族の四道将軍（大彦命・武渟川別《たけぬなかわわけ》・吉備津彦・丹波道主命）、その彼らに従軍した六氏族らがそれぞれ平定した場所の重要拠点に置かれた時に付けられた古地名ではないかと考えられます。（なお、四道将軍の記録は『日本紀』では「崇神紀」に書かれていますが、実際は神武の事跡と考えています。）

そして、古代六氏族の地名が全国に残存している事実と、その地名が相当古い地名である可能性を想定した時、そこにまた別の重要な問題が提起されるのです。

そこで、まずその古代六氏族の地名が十世紀の『和名抄』にどのような形で記録されているのかを見てみましょう。

○『和名抄』（高山寺本）

「国数」＝68カ国（壱岐・対馬含む）　「全国郡数」＝592郡　「全国郷数」＝4026郷

氏族名の郷	全国郷数計	（内訳）	畿内	東海道	東山道	北陸道	山陰道	山陽道	南海道	西海道（九州）
❶物部郷	18	↓	0	3	5	1	2	1	2	4
❷大伴郷	10	↓	0	3	5	0	0	0	0	2
❸蘇我郷	5	↓	0	0	0	0	0	3	1	1
❹葛城郷	2	↓	0	0	0	0	0	1	0	1
❺平群郷	3	↓	1	0	0	0	0	0	0	2
❻巨勢郷	5	↓	1	0	0	0	1	2	0	1
合計	43	↓	2	6	10	1	3	7	3	11

前表から全国に遺された古代六氏族名の地名の残存率を見ると、最も多いのが二大豪族と呼ばれた物部の「18郷」であり、次が大伴の「10郷」ということが分かりますが、これは古代豪族間の力関係に等しく、このことからもこの六氏族名の地名は、滅亡する以前の相当古い時期に付けられたものである可能性が指摘できるのです。

そこで私が注目したのが西海道（現九州）に遺されていた六氏族の地名です。

それは、もしかすると九州に遺されている地名は、近畿へ東遷する前の古地名ではないかということと、その六氏族の地名が「糸島ヤマト」の周りをグルリと取り囲む形で遺されているのではないかという疑いが頭をもたげたからです。

なぜなら、神武が近畿へ東遷した後、ヤマト王家の周りを守護するかのように「物部・大伴・蘇我・巨勢・葛城・平群」の六氏族らが配置されていたことが分かっているからです。

○四～五世紀頃の豪族分布（左図は、第一学習社『日本史図表』より転載。●数字は筆者が加筆）

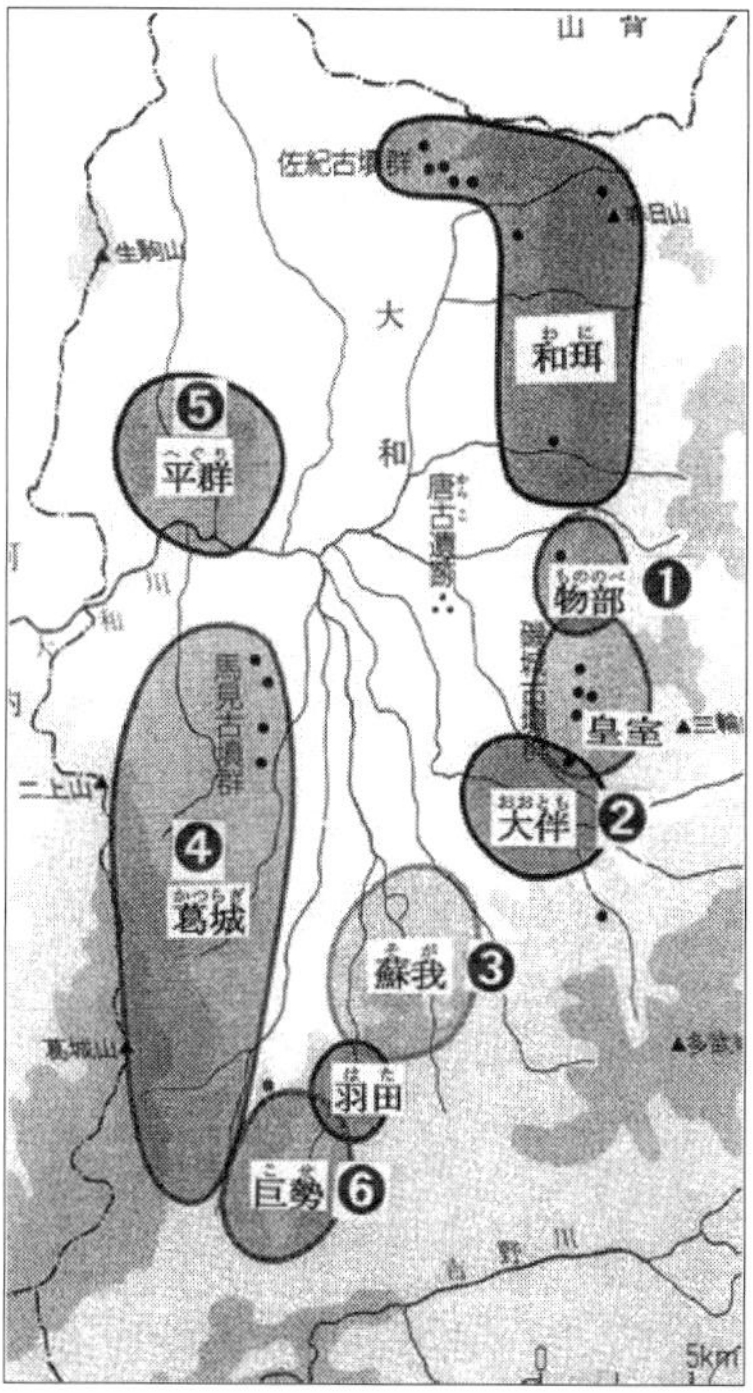

・和珥《わに》と羽田《はた》（秦）は渡来系氏族

右図は、東遷後の分布ですが、私は東遷前も同じような豪族の分布が糸島ヤマトの周りにあったのではないかと考えたのです。そこで九州に遺されていた六氏族の地名を地図上にそのまま置いてみました。

九州内国数＝「11カ国」（壱岐・対馬含む）	郡数＝「96郡」	郷数＝「496郷」

氏族名の郷	氏族郷数	各氏族が置かれた九州内の国と郡
物部郷	4	①筑後国生葉《いくは》郡・②肥前国三根郡・③日向国那珂郡・④壱岐嶋石田郡
大伴郷	2	①肥前国小城郡・②肥後国葦北郡
蘇我郷	1	①筑前国早良郡
葛城郷	1	①肥前国三根郡（旧神埼郡）
平群郷	2	①筑前国早良郡・②日向国児湯《こゆ》郡
巨勢郷	1	①肥前国佐嘉《さか》郡
合　計	11	＊九州内「496郷」の内、六氏族名の郷数は「11郷」で比率は約2.2%

壹岐嶋
物部
玄界灘
志摩郡
伊都国
博多湾
登望駅
呼子
小友
大友
唐津湾
怡土郡
邪馬台国
早良郡
平群
曾我
雷山
松浦郡
小城郡
神埼郡
佐嘉郡
伴部
(止毛)
巨勢
三根郡
物部
葛木
杵嶋郡
有明海
藤津郡
山門郡

前頁の図を見ると、糸島の周りを六氏族の地名が隙間なく一つずつ順番に取り囲んでいることが分かります。そこから推察されることは、彼らが「糸島のヤマト王家」を守護していた可能性です。西端の松浦郡には六氏族の郷名はありませんが、呼子の辺りに「登望駅《とものうまや》」のあったことが『和名抄』や『延喜式』に書かれていますので、それは「伴駅《とものうまや》」と同義と解されます。

また現在でも呼子の近くには「大友」「小友」の地名が遺っていますので、そこには大伴一族が置かれていた可能性が高いと思います。

さらに、その呼子と壱岐水道を挟んで向かい合っているのが壱岐嶋ですが、その壱岐の南の石田郡に物部郷があったと記録されています。それは、おそらく卑弥呼の頃から敵対していた狗奴国《くなこく》（熊《くま》襲《そ》）が壱岐水道を通って「糸島ヤマト」に侵攻するのを阻止するために、水道を挟んで物部と大伴の二代豪族が厳重な警備に当たっていたからではないかと思われるのです。

いずれにしても、右図から勘案するなら、この六氏族の配置の仕方は明らかに「糸島ヤマト王家」を守るためのもので、それは当時敵対していた狗奴国（熊襲）に対する防御線であったと結論しておきます。

なお、九州内の残りの四郷の置かれた場所とその意味については、別稿に譲りたいと思います。

六、天照大神の正体

さて、『古事記』の「日本神話」は稗田阿礼の創作であり、それはまさに「木に竹を接ぐ話」になっていると解説しましたが、たしかに「木に竹を接ぐ」ことはできません。

三世紀の女王卑弥呼と臺与の時代に始まる大和王朝の歴史の前に、陰陽五行説や男尊女卑思想で塗り固められた中国神話を借りて来てくっつけても繋がるはずがないのです。

元々、古代のわが国に「陰陽五行説」はなく、わが国は森羅万象のすべてに神が宿り、そこに棲む神々を信仰するというわば「八百万《やおよろず》の神信仰」のようなものであったと推察されます。

そういう信仰が生まれたのは、わが国が自然の恵みに富み、世界有数の豊穣な国であると同時に、一方では世界有数の災害大国でもあるからでしょう。そのような日本列島の中で生きてきた人々にとって、日本列島は多くの恩恵を与えると同時に大きな災害をもたらしてきました。

そして、それらの災害のすべてが古代人にとっては、常に「故《ゆえ》無く起こる災《わざわ》い」だったのです。

科学全盛の現代でも、噴火・地震・津波という突然の自然災害の前に我々は何ら為す術を知りません。

二〇一一年三月一一日、突如として東日本を襲った地震・津波の猛威を目の当たりにした時、ほとんどの日本人が無力感を覚えたのではないでしょうか。

古来わが国は、そのような「故も無く起こる自然災害」を何度も何度も経験してきたのです。そういう中で列島の先人たちは、森羅万象のすべてに神の存在を感じ、それらの神々に頭《こうべ》を垂れ合掌し、ただひたすらに祈るしかなかったのだと思います。

それは、中国の盤古という絶対的独《ひと》り神（男神＝陽神）の身体が万物事象に化身したというような、「陰陽五行説」をベースとした思想とは絶対に交わることのない異質の信仰であり、「八百万の神信仰」は、わが国独特の信仰と言っても過言ではないと思います。

もちろん、中国でも森羅万象に神が宿るという信仰はあるのですが、前漢以来「皇帝親政」が強化される中で、「陰陽五行説」や「男尊女卑思想」による新しい思想に基づく神話や信仰が体系付けられ、やがて絶対的君主である皇帝（天子）の祖先神とされる天帝や上帝を唯一絶対の「天神」として祭祀するようになっていったのです。そして、その「天帝」を祭祀できるのは皇帝だけでした。

一方、森羅万象に宿る神々は「鬼神」や「神州神」などとして扱われ、そのすべてが「地神」として祭祀されることになったようです。

つまり、中国では、絶対的君主である皇帝の祖先神とされる「天帝」だけが「唯一絶対の神」であり、そのほかは総じて「地神（地祇）」として扱われているということです。

このことの意味は重要で、その中国に「臣下の礼」を示していた卑弥呼や臺与らは「太陽」を信仰していたといわれていますが、それは「地神（地祇）」を祭祀していることになるのです。

この点、「魏志倭人伝」には、卑弥呼は「鬼道に事《つか》え、能《よ》く衆を惑わす」と書かれていますが、当時の中国人からみれば、「太陽信仰」も鬼道の一つにすぎなかったということでしょう。

したがって、中国皇帝から倭王に封じられた卑弥呼や臺与らが亡くなった後、「地神」として祭祀されていたと考えられます。

なぜなら、中国の皇帝に朝貢し、臣下の倭王に封じられた卑弥呼や臺与らを「天神（天帝）」として祀ることはできなかったはずだからです。ましてや、この二人の倭王は「女王」でしたから、死後の神格は「地神」ということになるのです。

もっとも、当時のわが国には「陰陽説」などなかったのですから、「女王＝地神」という思想そのものもなかったと考えられます。

ただ、卑弥呼や臺与は、中国皇帝から倭王に封じられていましたので、やはり臣下の国として、倭王を「天神」として祀ることができなかったのではないかと推察されます。

つまり、卑弥呼と臺与が亡くなった後のわが国では、この二人の女王を「地神の最高神」という神格で祭祀していた可能性が高いということです。

●天照大神は、「地神」として祀られている

私は、稗田阿礼が「卑弥呼と臺与」の二人の女王を「天照大神」という一柱の日の神に神格化して、日本神話を創作した可能性が高いと考えています。

仮に、この考え方が正しければ、前述したように「卑弥呼・臺与」＝「地神」のはずですから、天照大神も「神社」などの祭祀の現場では「地神」として祀られている可能性があるのです。

そこで、天照大神の神格を調べてみると、たしかに神社では、天照大神が「地神」として祀られていることが分かったのです。

たとえば、福岡県糸島市前原にある「十六天神社」の縁起には次のように書かれています。

○『鎮守《ちんじゅ》乃《の》社《もり》』・十六天神社の項より（糸島神職会刊行）

・祭神　天神七代十一柱神と地神五代五柱の神である。

一、天神・七代十一柱神

國常立尊《くにとこたちのみこと》、國狭槌尊《くにさづちのみこと》、豊斟渟尊《とよくむぬのみこと》、湼土煮尊《ういぢにのみこと》、沙土煮尊《すいぢにのみこと》、大戸之道尊《おおとのぢのみこと》、大苫辺尊《おおとべのみこと》、面足尊《おもたるのみこと》、惶根尊《かしこねのみこと》、伊奘冉尊《いざなみのみこと》、伊奘諾尊《いざなぎのみこと》

二、地神・五代

天照大神、天忍穂耳尊《あまのおしほみみのみこと》、瓊瓊杵尊《ににぎのみこと》、彦火火出見尊《ひこほほでみのみこと》、鵜茅葺不合命《うがやふきあえずのみこと》

右のとおり、天照大神は、神社では「地神」として祭祀されているようです。

また、『善隣国宝記』にも次のような記事があります。

○『善隣国宝記』・上巻（1470年・相国寺の僧周鳳《しゅうほう》撰）

～蓋《けだ》し、「天照大神は地神の首《はじめ》」にして、此の國（日本国）の主たり。

故《ゆえ》に之を名して女王國と謂《い》うか。～

このように、十五世紀の僧も天照大神を「地神の首《はじめ》」と言っていますが、どうやら祭祀の現場では、天照大神の神格は「天《あま》つ神」ではなく、「地《くに》つ神」になっているようです。

なお、『広辞苑』にも、天照大神は「地神五代」の初めの神として書かれています。

○『広辞苑』

・【地神】（ヂジンとも）地の神。くにつかみ。地祇《ちぎ》。

・――・ごだい【地神五代】神武天皇以前、皇統の祖神とされる五柱の神の時代。すなわち、天照大神・天忍穂耳尊《あまのおしほみみのみこと》・瓊瓊杵尊《ににぎのみこと》・彦火火出見尊《ひこほほでみのみこと》・鸕鶿草葺不合尊《うがやふきあえずのみこと》の五代。

このように、『広辞苑』にも天照大神は「地神五代」の中の一柱の神と解説されています。

これには、正直私も驚きましたが、なぜ天照大神が「地神」、つまり「国つ神」なのか。

本来これはおかしな話で、「記紀」に書かれている天照大神は、「天上の高天原を支配する日の神」として書かれているのですから、ふつうに「記紀」神話を読むなら天照大神は明らかに「天神さま」のはずなのです。

それがなぜ祭祀の現場の神社などでは、いまだに「地神」として祀り続けているのでしょうか。

それはここまで述べてきたように、「卑弥呼・臺与」＝「天照大神」であり、その卑弥呼と臺与が三世紀に亡くなった時点では「地神」として祀られていたからではないでしょうか。

それが、八世紀の初頭に『古事記』が成立した時点で、いきなりその神格が「地神」から「天神」に変えられたのだと思います。

しかし、祭祀の現場の神社側としては、それまで五百年近くにわたって「地神」として祀り続けてきた卑弥呼と臺与を、『古事記』が成立した時点で「ハイ、今日から天神さまにしました」と言われても、そう簡単に神格を変更するわけにはいかなかったのではないでしょうか。

それほど神社などの祭祀の現場における神格は厳格なものだと思います。

いかに時の朝廷が天子の国にふさわしい神話と「大和王朝万世一系」の帝紀を創作したとしても、神社側としては、そう簡単にその神格を「記紀」に合わせて変更することなどできなかったと考えられるのです。

つまり、神社側には、たとえ朝廷の意向であっても、どうしても譲れない一線があったということではないでしょうか。そうでなければ、現在に至るまで天照大神を「地神」として祀り続ける理由が分かりません。

逆に、このような事実から見えてくるのは、やはり「記紀」の神話は、八世紀初頭に稗田阿礼が創作したものであるということと、阿礼が「卑弥呼・臺与」を「天照大神」という「日の神＝天神」に神格化した可能性が高いということです。

●天照大神は、三世紀の卑弥呼と臺与（大日孁尊《おおひるめのみこと》と豊日孁尊《とよひるめのみこと》）

私は、「卑弥呼・臺与」が大和王朝の始祖と考え、それが「記紀」の神話では「天照大神」として一柱に集約されてしまったと考えています。

その結果、現在の伊勢神宮では、内宮の主祭神は「天照大神」、外宮の主祭神は「豊受大神《とようけのおおかみ》」として祀られていますが、それは表向きのことで、実際は内宮に「大日孁尊（卑弥呼）」、外宮には「豊日孁尊（臺与）」が主祭されていると確信しています。

たしかに、この二柱の女神であれば大和王朝の始祖神としてふさわしく、また内宮・外宮《げぐう》に「同神格の最高神」としてそれぞれが祀られていても何の不思議もないと思います。

ところが、三世紀の卑弥呼・臺与の時代から四百年以上も経った七一二年に『古事記』が成立して以降、九世紀初頭の頃までに、伊勢神宮はその二柱の神を「記紀」に合わせたかのように「天照大神一柱」として「内宮」に合祭してしまったのではないでしょうか。

その結果として、空席となってしまった「外宮」の正殿には、「豊日孁尊（臺与）」よりもはるかに神格の低い（元々は一人の天女？）「豊受大神」を丹波国から遷座させることにしたものと思われます。そうでもしなければ、外宮は相殿《あいどの》三座だけとなって、肝心の正殿が空席になってしまうからです。

その時、なぜそのダミーに「豊受大神」を選んだのか。いまのところ「トヨ」の名が共通していることしか見出せません。「記紀」の中で「トヨ」の名を持ち、なおかつ豊日孁尊のダミーとするにふさわしい神はほとんどおらず、そこで仕方なくこの豊受大神を使ったのではないかと疑われます。

おそらく、当時の伊勢神宮としては、そこまでしてでも、卑弥呼・臺与以来、連綿と続けてきた「内宮と外宮の同格祭祀」という本来の形だけは残しておきたかったのだと思います。

しかし、その一方で、突然「外宮」に鎮座することになった豊受大神の遷座に至る縁起の創作が必要になっていたはずです。なぜなら、「記紀」には豊受大神が外宮に鎮座しているという事実だけが後から取って付けたように書かれていて、遷座に至る経緯が書かれていないからです。

そこで、八〇四年、その経緯を伊勢神宮の禰宜《ねぎ》・五月麻呂《さつきまろ》が『止由気宮儀式帳《とゆけのみや》』に書いたわけですが、おそらくそれは五月麻呂の手による「創作縁起」である可能性が高いと考えています。その内容は、雄略天皇の時（478年）、天照大神のご神託を受けた雄略が、天照大神の食事の伴として丹波国の与謝郡《よさのこほり》から豊受大神（等由気《とゆけ》大神）を渡会《わたらい》の外宮に連れて来て鎮座させたというものです。

しかし、「豊受大神ごとき（失礼）」が大和王朝の最高神天照大神と同神格であるはずもなく、私にはいまにも天照大神の「無礼者、頭が高い！」という怒りの天声が聞こえてきそうです。

なお、この点については、私だけではなく多くの専門家らも疑問としていることです。

●伊勢神宮を「記紀」の呪縛《じゅばく》から解き放とう！

また、この点を考える上で重要なのが、内宮・外宮の「相殿《あいどの》」の存在です。

一般の国民にはあまり知られていないようですが、実は内宮には天照大神のほかに相殿二座が合祀されていて、また外宮にも相殿三座が合祀されています。

つまり、内宮は計三座、外宮は計四座が祀られているのです。

・伊勢神宮の「正宮」には、卑弥呼と臺与が祀られている？

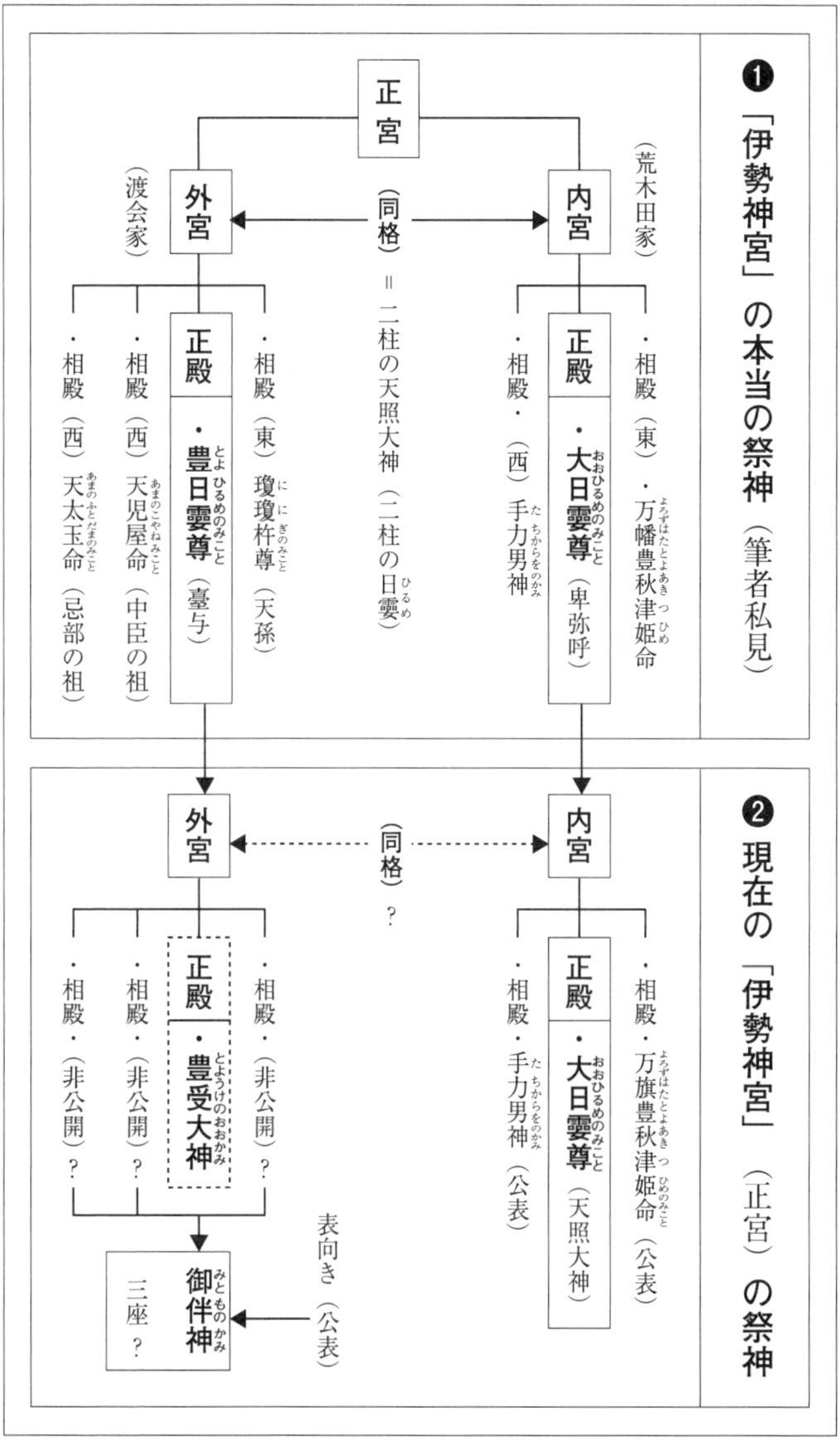

その「内宮」の相殿二座の神名については伊勢神宮が公表していますが、東に「万幡豊《よろずはたとよ》秋津《あきつ》姫《ひめ》命（天孫瓊瓊杵尊の母）」、西には「手力男《たぢからを》命」の二柱が祀られています（図の❷を参照）。

この二柱の神は、いずれも「天岩戸神話」や「天孫降臨神話」に登場する重要な神々で、天照大神の傍《かたわら》に合祀されていても何の違和感もありません。

ところが、外宮の相殿三座の神名は一切公表されていないのです。伊勢神宮はそれを「御伴《みとも》三座」として、一神ごとの名をけっして明かさないのです。なぜでしょうか。

豊受大神が丹波国から外宮に遷座する時に御伴《おとも》をしてついて来たという三神の名をなぜ明かさないのか。そこには本当は明かしたくても明かせない深い事情があるということでしょう。

また、先の『止由気宮儀式帳』にも、その御伴三座のことは一切書かれていません。

私は、以前からこのことは知っていましたが、今から七、八年前、福岡の神社庁にその神名を問い質したところ、相殿の存在さえ知らなかったようで神名もまったく不詳でした。

結局、その神社庁の担当者から直接伊勢神宮に問い合わせをしてもらったのですが、たとえ神社本庁や神社庁であってもその三座の神名は絶対に公表できず、あくまでも「御伴《みとも》三座としてご理解ください」という返答でした。

神社（本）庁にも教えられないというのには驚きましたが、祭祀の現場（神社）の独自性と尊厳さを垣間見た気がします。

しかし、実は公表されていなくても、その三神の名については昔から言い伝えがあり、東には「天孫・瓊瓊杵尊」が配され、西には中臣氏の祖先神「天児屋根命《あまのこやね》」と忌部《いんべ》氏の祖先神「天太玉命《あまのふとだま》」の二神が配されているようです（図の❶を参照）。

ただし、伊勢神宮が一切公表しない以上、それはあくまでも「言い伝え」にすぎないことになります。

しかし、仮にその古くからの「言い伝え」が正しいと考えた場合、なぜ伊勢神宮が外宮の「御伴三座」の神名を明かせないのかも見えてきます。それは、その神名を明かしてしまうと主祭神の豊受大神だけが完全に宙に浮いてしまうからです。

内宮の「天照大神・万幡豊秋津姫・手力男命」、そして外宮の相殿三座の「瓊瓊杵尊・天児屋根命・天太玉命」は、皆「記紀」の「天岩戸神話」や「天孫降臨神話」に登場する神々なのですが、豊受大神だけは、それとほとんど無関係だからです。

逆に、そこに豊日霎尊（臺与）が鎮座すれば、ぴたりと納まりがつくのです。

また、いま一つは、仮に「御伴三座」の神名を右のとおりに公表すれば、かの天孫「瓊瓊杵尊」が、明らかにその神格が下位の豊受大神の御伴をしていたことになりますが、そのようなことはまずあり得ないでしょう。

つまり、その御伴三座の名を公表するだけで豊受大神が豊日霎尊（臺与）のダミーであることが発覚してしまう危険性があるのです。伊勢神宮が外宮の相殿三座の神名を絶対に公表しないのは、おそらくこのような事情によるのではないかと考えられます。

これはあくまでも私見ですが、伊勢神宮としては、「記紀」成立以降、外宮に豊日霎尊（臺与）のダミーとして豊受大神を鎮座させてしまったことで、現在に至るまでの千数百年もの間、それを公表できないジレンマと国民に対する忸怩《じくじ》たる思いに苛《さいな》まれ続けているのかもしれません。

「記紀」に「大和王朝万世一系」という虚偽の系譜と歴史が記定されて以降、表向きそれを受け入れて「天皇親政」を支えるための一翼を担ってきた伊勢神宮としては、今さら自らの口で、真の主祭神が卑弥呼と臺与であることを告白できない状況に置かれている可能性があるのです。

だとすれば、その真実の解明は将来に託すのではなく、今を生きる我々「史学」を研究する者の叡智と科学的思考をもって為すべきであり、それによって伊勢神宮を「記紀の呪縛から開き放たなければならない」とさえ思っています。

いずれにしても、ここで述べたこともさることながら、第一章で検証した「1364年間」に書かれた『日本紀』の年次記事が卑弥呼と臺与が交代した年の二四七年から持統十一年（697年）までの「451年間」に準じる「451年分」の記事数で作られていることなどを鑑みるなら、やはり、「卑弥呼＋臺与」＝「天照大神」であることはまず間違いないと確信します。

七、『日本紀』の中のルールとレトリック

●「記紀」が科学的に設計されていることの意味

私は、「記紀」は科学的思考の下に編纂されていると考えています。

そう考える理由は、第一章で述べたように、「記紀」、とくに『日本紀』の編者らが「春秋の筆法」を熟知した上で、それを多用していることが分かったからです。

「春秋の筆法」の原理は、「文を錯えるを以て義を見し、一字を以て褒貶を為す」と説明されていますが、それをもう少し簡単に言うなら、「あからさまに出来ない真実を示唆するために、意図して矛盾を作る」ということで、つまり「ルールを破って真実を教える」ということです。

したがって、この「春秋の筆法」を使って真実を示唆しようとする場合、妙な言い回しになりますが、必ず「破るためのルール」が必要となってくるのです。

そこで、『日本紀』全体を見てみると、そこにはいくつか「独自のルール」が創作されていることが分かります。しかも、それは『古事記』や後世の史書（五国史）などに見られない「『日本紀』独自のルール」として創られているものがあるということです。

また、『日本紀』の場合、『古事記』とは異なり、それ以前に用いられていた字句や規則などの多くが、七〇一年に制定された「大宝律令」の規定に則って書き換えられているのです。

○「記紀」は、いずれも「大宝律令」施行後に成立している

701年	・「大宝律令」施行（刑部皇子、藤原不比等ら撰）	
712年	・『古事記』成立	・「大宝律令」以前の「古い時代の表記・ルール」で書く。
720年	・『日本紀』成立	・基本的に「大宝律令」の規定に則って書き換えている。

このように、七〇一年に施行された「大宝律令」にほとんど関わりなく書かれた『古事記』に対して、その規定に沿って書かれた『日本紀』との間には用字など多くの違いがあります。

ここにも、『古事記』と『日本紀』を並べて比較検証することの意味があるのですが、それと同時に、常に『古事記』に対して『日本紀』が何をしているのかという視点を持って読むことが肝要なのです。

たとえば、「記紀」双方の用字の違いを少し見てみましょう。

	国名表記	後継者	「天の下しろしめす」の表記	使われた万葉仮名の音
古事記	倭国《やまとのくに》	太子	治（知）天下	「呉音」（漢音を習う前の南朝の音）
日本紀	日本国《やまとのくに》	皇太子	御宇《あめのしたしろしめす》・馭宇《あめのしたしろしめす》	「呉音」と「漢音」を併用

右の比較だけでは分かりにくいのですが、「記紀」を並べて検証することによって史実が見えてくるように、「記紀」は企画・設計されているのです。

そこで、まず「記紀」双方のルールの違いから見てみましょう。

❶・〈ルールその一〉・『古事記』の「没年干支法」と『日本紀』の「即位元年干支法」

『古事記』は、「帝紀」の記定に目的がありますので、一代ごとに具体的な編年を行なっていません。その代わり原則として天皇の没年を「干支」で書くという特徴があります。

ただし、「干支」は「還暦」で六〇年ごとに同じ干支が巡ってきますので、簡単に現代の西暦に直すことは難しいのです。

一方、『日本紀』の場合は、『古事記』で記定された「帝紀」を遵守しつつ、神武以降一代ごとに編年がなされています。そして、『古事記』の没年だけ干支で書くのとは異なり、即位元年だけ「干支」を使って「是年、太歳甲寅」などと書く特徴をもっています。

なお、ここで「法」という表現にしたのは、「記紀」の書き方の違いを「ルールの違い」という視点から考察するためで、あえて「没年干支法」と「即位元年干支法」として対比しました。

A・『古事記』の「没年干支法」

●『古事記』記載の没年干支と在位期間

代	天皇	没年干支	在位年数
1	神武		
2	綏靖		
3	安寧		
4	懿徳		
5	孝昭		
6	孝安		
7	孝霊		
8	孝元		
9	開化		
10	崇神	戊寅	
11	垂仁		
12	景行		
13	成務	乙卯	
14	仲哀	壬戌	
	神功		
15	応神	甲午	
16	仁徳	丁卯	
17	履中	壬申	
18	反正	丁丑	
19	允恭	甲午	
20	安康		
21	雄略	己巳	
22	清寧		
23	顕宗		8年間
24	仁賢		
25	武烈		8年間
26	継体	丁未	
27	安閑	乙卯	
28	宣化		
29	欽明		
30	敏達	甲辰	14年間
31	用明	丁未	3年間
32	崇峻	壬子	4年間
33	推古	戊子	37年間

B・『日本紀』の「即位元年干支法」

●『日本紀』の「即位元年・干支法」

代	天皇	元年	即位元年の干支	西暦	＊ 問題点
1	神武	………	是年、太歳甲寅	前667年	甲寅が元年？ ＊
		元年	…………（辛酉）	前660年	皇紀元年？ ＊
2	綏靖	元年	是年、太歳己卯	前581年	
3	安寧	元年	是年、太歳癸丑	前548年	
4	懿徳	元年	是年、太歳辛卯	前510年	
5	孝昭	元年	是年、太歳丙寅	前475年	
6	孝安	元年	是年、太歳己丑	前392年	
7	孝霊	元年	是年、太歳辛未	前290年	
8	孝元	元年	是年、太歳丁亥	前214年	
9	開化	元年	是年、太歳甲申	前157年	
10	崇神	元年	是年、太歳甲申	前　97年	
11	垂仁	元年	是年、太歳壬辰	前　29年	
12	景行	元年	是年、太歳辛未	前　71年	
13	成務	元年	是年、太歳辛未	131年	
14	仲哀	元年	是年、太歳壬申	192年	
……	神功	元年	是年、太歳辛巳	201年	摂政元年？ ＊
		六九年	是年、太歳己丑	269年	没年に干支？ ＊
15	応神	元年	是年、太歳庚寅	270年	
16	仁徳	元年	是年、太歳癸酉	313年	
17	履中	元年	是年、太歳庚子	400年	
18	反正	元年	是年、太歳丙午	406年	
19	允恭	元年	是年、太歳壬子	412年	
20	安康	元年	是年、太歳甲午	454年	
21	雄略	元年	是年、太歳丁酉	457年	
22	清寧	元年	是年、太歳庚申	480年	
23	顕宗	元年	是年、太歳乙丑	485年	
24	仁賢	元年	是年、太歳戊辰	488年	
25	武烈	元年	是年、太歳己卯	499年	
26	継体	元年	是年、太歳丁亥	507年	
27	安閑	元年	是年、太歳甲寅	534年	
28	宣化	元年	是年、太歳丙辰	536年	
29	欽明	元年	是年、太歳庚申	540年	
30	敏達	元年	是年、太歳壬辰	572年	
31	用明	元年	是年、太歳丙午	586年	
32	崇峻	元年	是年、太歳戊申	588年	
33	推古	元年	是年、太歳癸丑	593年	
34	舒明	元年	是年、太歳己丑	629年	
35	皇極	元年	是年、太歳壬寅	642年	
36	孝徳	元年	是年、太歳乙巳	645年	
37	斉明	元年	是年、太歳乙卯	655年	
38	天智	元年	是年、太歳壬戌	662年	称制元年？ ＊
		七年	………………	668年	即位年？ ＊
39	天武	元年？	………………	672年	干支がない ＊
		二年	是年、太歳癸酉	673年	二年に干支？ ＊
40	持統	元年	是年、太歳丁亥	687年	称制元年？ ＊
		四年	………………	690年	即位年？ ＊

このように、「記紀」は「帝紀」の書き方において大きく異なるのですが、結論から言えば、『古事記』の没年は基本的にはほぼ史実と言って良く、一方『日本紀』の編年には虚偽が多いということです。

しかし、問題は『日本紀』が虚偽の編年を行ないながらも、その一方では「即位元年干支法」という「独自のルール」を作って「後世に真実を教えよう」としていることです。

この「即位元年干支法」というルールは、『古事記』にも後世の史書にも見られない『日本紀』独自のルールなのですが、なぜ『日本紀』の編者らはこのようなルールを作ったのでしょうか。

『古事記』の場合は、天皇の没年だけを干支で書いているので私は「没年干支法」と名付けたのですが、それは前表のとおり、いわば歯抜け状態の記載になっていてルールと呼ぶにはあまりにも不備が多いものです。しかし、「即位元年干支法」が『日本紀』編者らの明確な意図の下に作られたルールであることを理解いただくために、ここはあえて『古事記』のそれを「没年干支法」と名付けた次第です。

それにしても、なぜ『日本紀』は、このような独自のルールを作る必要があったのでしょうか。

それは、「春秋の筆法」を用いて史実を示唆するためと考えられます。前にも述べましたが、「春秋の筆法」とは、「ルールを破ることで矛盾を作り、そこから真実を教える」という筆法ですが、そのためには「破るためのルール」が必要だったのです。

おそらく、『日本紀』の編者らは、真実を教えるために意図してこの「即位元年干支法」という独自のルールを創作したものと考えられます。

そこで先の表(B)の「神武から持統までの四十代紀」を良く見てみると、明らかにルールに反する個所が「五カ所」あることが分かります(表の＊印の個所)。

○「即位元年干支法」のルールに矛盾する個所

	帝紀	「即位元年干支法」に矛盾する内容
1	神武紀	①・即位元年（辛酉年）に「是年、太歳辛酉」の記載がない。 ②・一方、元年の七年前に「是年、太歳甲寅」と書かれている。
2	神功皇太后・摂政紀	①・そもそも「摂政紀」という帝紀はなく、この一代紀は架空。 ②・また、神功の没年だけ「是年、太歳己丑」と書かれている。
3	天智紀	①・元年に「是年、太歳壬戌」とあるのに「即位」していない。 ②・七年目に「即位」と書くのに、そこには干支の記載がない。
4	天武紀	①・元年（672年）に「是年、太歳壬申」と書かれていない。 ②・即位二年に「是年、太歳癸酉」と書いている。
5	持統紀	①・元年に「是年、太歳丁亥」とあるのに「即位」していない。 ②・四年に「即位」と書くのに、そこには干支の記載がない。

『日本紀』独自のルール「即位元年干支法」と明らかに矛盾しているのは、右の「五帝紀」の個所です。

なぜ『日本紀』の編者らは、自ら作ったルールを自ら破るのでしょうか。

それは、「ルールを破ることで真実を後世に伝える」という「春秋の筆法」を用いているという事実を読者に示唆するためとしか考えられません。

つまり、「ルールを破って史実を教える」ためには、「破るためのルール」を作る必要があったということです。それが「即位元年干支法」なのです。

したがって、神功皇太后摂政紀を含めた「四十一帝紀」の中の「五帝紀」だけルールが破られていることの意味は重要で、そこで『日本紀』の編者らが何らかの史実を示唆しようとしていると考えなければなりません。

結論から言えば、そこには次のような「史実の示唆」がなされていたのです。

①・「神武」の実在性と実年代
②・「神功」の実在性と実年代
③・「天智」の時に、国号の漢字表記が「倭国《やまとのくに》」から「日本国《やまとのくに》」に改められたこと
④・「壬申の乱」で天武に敗れた「大友皇子（弘文天皇）」が即位していた事実
⑤・「持統」が最初に「天皇」の尊号を称したこと

しかし、ルールを破るだけで、どうして右のようなことが分かるのか。

その疑問に対する答えは、次の第三章以降で順次明らかにしていきますが、ここではさらにもう二つ『日本紀』のルールを取り上げ、『古事記』のそれと比較検証してみたいと思います。

そのいずれもが史実を解明する上で大変重要なものとなります。

❷・〈ルールその二〉・『古事記』の「即位年改元法」と『日本紀』の「越年改元法」

新帝が即位して年号を改めることを「代始改元」といいますが、その改元方法は原則として「即位年改元」と「越年改元（＝踰年改元《ゆねんかいげん》）」の二通りがあります。

「即位年改元」とは、即位した年を「元年」としてカウントする方法をいい、「越年改元」とは、先帝が亡くなった年に新帝が即位した時、その年一年間は先帝の最終年として扱い、その翌年を新帝の即位元年（改元）とする改元方法です。

現在の専門家も、『日本紀』が「越年改元法」で編年されていることは承知しているようです。この「越年改元法」とは『日本紀』が独自に用いたルールで、それは史実を改竄したものなのですが、ここにも『日本紀』が為した虚偽の編年の謎を解くカギがあることに気付かなければなりません。

そこで、「記紀」を比較してみると、『古事記』が「即位年改元」で書かれ、『日本紀』が「越年改元」で編年されていることがわかります。

ただし、『古事記』の場合は、一代ごとの編年を一切行なっていない上に、在位期間もほとんど書いていませんので、『古事記』がすべて「即位年改元法」で書かれているというわけではありません。しかし、一方の『日本紀』の場合は、徹底して「越年改元法」で編年を行なっていますので、それと比較する意味で、あえてここは『古事記』のそれを「即位年改元法」と呼ぶことにしました。

いずれにしても、「記紀」はほぼ同時代史であるにも拘わらず、なぜ天皇の在位期間のカウントの仕方が異なるのでしょうか。その直接的な理由は、「元年」の建て方が異なることにあるのですが、『日本紀』が史実と異なる「越年改元法」を徹底して用いたことに原因があるといえます。

そこで、「記紀」双方の違いを「推古女帝」の例で見てみましょう。

A・『古事記』推古紀・（「即位年改元法」＋「没年干支法」）

・豊御食炊屋比売命《とよみけかしきやひめのみこと》（推古）、小治田宮《をはりだのみや》に坐《ま》して、三拾漆歳《さんじゅうななとせ》（37年）、天下治《あめのしたしろ》しめしき。
戊子《つちのえね》の年（628年）三月十五日癸丑《みずのとうし》の日崩ず。

（『古事記』・卜部兼永筆本より）

B・『日本紀』推古紀・三十六年の条

・（推古）三十六年三月、〜（十五日）癸丑、（推古）天皇崩ず。時に年七十五。即《すなわ》ち南庭《おほば》に殯《もがり》す。

右のとおり、推古女帝の治世期間を『古事記』は「三十七年間」とし、『日本紀』は「三十六年間」としています。この違いは「元年」の建て方にあり、『古事記』が即位した年の五九二年を元年とするのに対して、『日本紀』は即位した翌年の五九三年を元年として編年しているからです。それを図にすると次図のようになります。

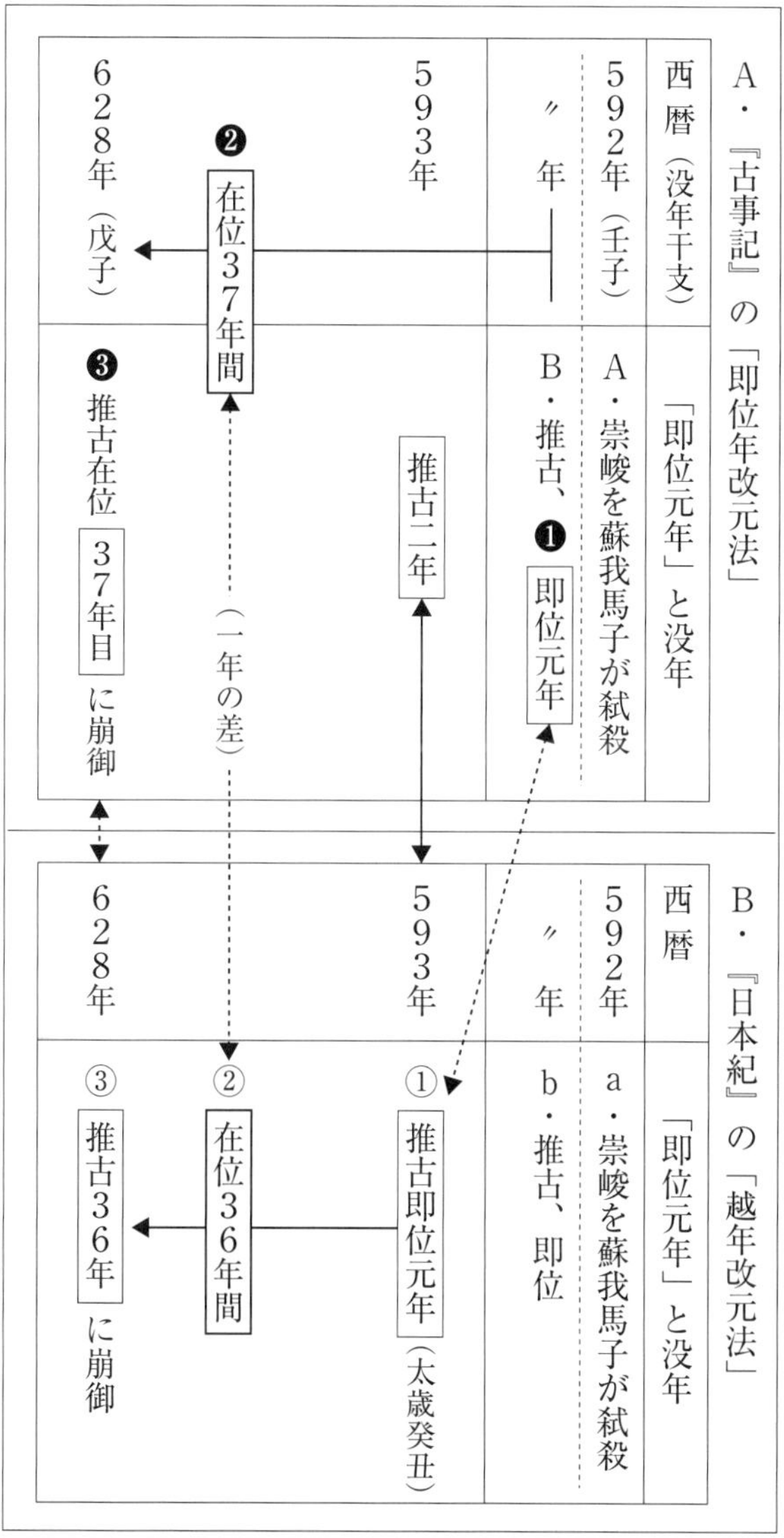

このように、「記紀」は同時代史であるにも拘わらず、元年が異なるために、在位期間に「一年の差異」が生じているのです。では、そのどちらが史実なのでしょうか。

この点、断定は出来ませんが、『古事記』の場合は、すべての天皇の在位期間を書いておらず、没年干支と同様に「分かっていることしか書かない」という執筆姿勢がうかがえるのに対して、『日本紀』の場合は、最初の神武紀から最後の持統紀までほぼすべての帝紀の元年を「越年改元法」によって統一的に編年していることなどを勘案すると、やはり『古事記』の方に史実があり、『日本紀』はそれを改竄していると考えて良いと思います。

このことは大変重要な意味を持っていて、『日本紀』に年号が書かれていないという問題の原因もここにあると思います。

本来「聖徳天子」以降、わが国には「年号」があったはずなのですが、それが『日本紀』にはほとんど書かれていません。その最も大きな原因として、『日本紀』が史実と異なる「越年改元法」を用いて編年したことにあると考えています。

つまり、史実では新帝の即位した年が元年で、その年に新帝の年号に改元されていたケースが多々あったはずなのに、『日本紀』はその翌年を元年にしてしまったために本来あったはずの「公年号」を書くことができなくなったと考えられるのです。

●『日本紀』から公年号が消えた理由

たとえば、現在の平成年号は、「即位年改元法」によって建てられています。昭和六十四年一月七日に昭和天皇が崩御された翌日の一月八日に今上天皇が即位され、その日から平成元年に改元されました。これは『古事記』と同じ「即位年改元法」による代始改元です。

ところが、『日本紀』の場合は、即位した年ではなくその翌年を元年として書き換えるのです。それを現在の平成年号の例で考えると、「平成二年」が「平成元年」ということになるのです。その結果、今年の「平成二十六年」は「平成二十五年」になってしまうのですが、はたしてそのように史実を改竄した年号の記録を平然と後世に残せるでしょうか。そのようなことは、まず『日本紀』の編者らには出来なかったはずなのです。

そのために、『日本紀』から「公年号が消えてしまう」ことになったと考えられるのです。

A・（『古事記』や現在日本の改元法

即位年改元法

西暦	年号	
１９８９年	昭和６４年 平成元年	１月７日崩御 １月８日即位
	平成元年	１２月３１日
１９９０年	平成２年	
２０１４年	平成２６年	

＊「史実」は、こちらにある。

B・（『日本紀』の改元法）

越年改元法（踰年改元）

西暦	年号	
１９８９年	昭和６４年	１月７日崩御 １月８日即位
	昭和６４年	１２月３１日
１９９０年	平成元年	１月１日元年
２０１４年	平成２５年	？

●『日本紀』は、即位の翌年を元年とするために、「一年のズレ」が生じ、「年号」が使えない。

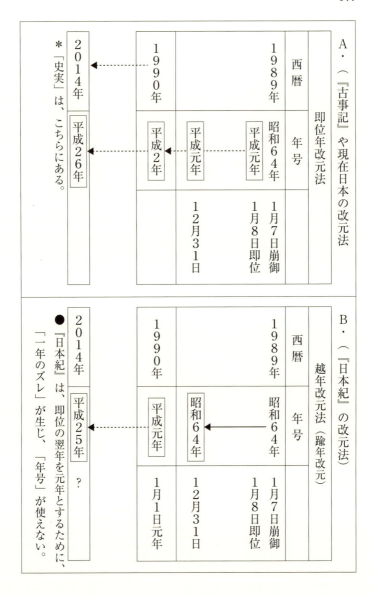

『日本紀』は、右図Aの「即位年改元」の史実をB図の「越年改元法」に書き換えてしまったために、実際に建てられていた公年号を書きたくても書けなくなってしまったと推察されます。

そこで『日本紀』は、年号を記載せず、ただ「(〇〇天皇の)元年・二年・三年」などと年次だけを書くことになったのです。

聖徳が天子に即位して以降、本来あったはずの「公年号」が『日本紀』にほとんど出てこないのは、先帝が亡くなった年に新帝が即位していても、その翌年を元年にずらして書くために、実際には即位した年に建てられていた年号を書けなくなってしまったものと考えられます。

しかし、その『日本紀』の元年の記事の中でも注意を引かれるのは、六四五年の大化改新の年に「大化」という年号が初めて記載されていることです。

〇『日本紀』孝徳紀・大化元年の条

・天豊財重日足姫天皇《あまのとよたからいかしひたらしひめ》（皇極）の四年を改めて、大化元年と為す。

なぜ、『日本紀』は、孝徳元年だけ「大化元年」という年号を用いて書くことができたのか。

その一番の理由として、右の孝徳紀の元年だけが『日本紀』のルール「越年改元法」ではなく、「即位年改元法」で書かれていることが挙げられます。

『日本紀』の中でこの六四五年だけ「皇極四年」と「孝徳元年」という二帝の年紀が重なっているのです。つまり、ここだけ「即位年改元法」で編年されているということです。

本来の『日本紀』のルールの「越年改元法」であれば、皇極四年（645年）の翌年六四六年が孝徳元年になるはずなのです。しかし、そうした場合、ここも他の帝紀と同様「大化年号」を書くことができなくなるのです。

おそらく、『日本紀』の編者らは、史実は「即位年改元」によって年号が建てられていたにも拘わらず、翌年を元年にするという「越年改元法」で史実を書き換えてしまったために史上から消えてしまった公年号の存在を、どこかで示唆しようと考えていたのではないでしょうか。

そこで皇極と孝徳の帝位交代の年を使ってその事実を示唆しようとしたものと考えられます。

それは、この皇極と孝徳という姉弟間での帝位交代の時だけ、先帝の死後に新帝が即位したのではなく、「生前譲位」になっているからです。

元々、「越年改元」という改元法は、「先帝が崩御した年に新帝が即位した場合、年号をただちに改めるのは先帝に対して非礼である」という考え方から考案されたものです。

この点に関しては、『日本後紀』に次の記事があります。

○『日本後紀』平城紀・大同元年（806年）の条

・大同に改元するは禮に非ず。国君の位に即《つ》きたまひ、年を踰《こ》へて後に改元するは、臣子の心、一年にして二君あるに忍びざるに縁《よ》るなり。今（桓武天皇の延暦二十五年＝大同元年）、未《いま》だ年を踰《こ》へずして改元し、先帝（桓武天皇）の残年を分かちて当身（平城天皇）の嘉号《かごう》と成すは、終わりを慎《つつし》みて改むること無きの義《ことわり》を失ひ、孝子の心に違《たが》うなり。これ旧典を稽《かんが》ふるに失《あやまり》と謂《い》ふべきなり。

このように、平安時代になると、「即位年改元」を「非礼」とする考え方が定着し、「越年改元（踰年改元）」が慣例化していくことになるのです。

ただ、『日本紀』が「即位年改元」を「越年改元」に書き換えたのは、「非礼」という理由ではなく、虚偽の系譜や編年をする中で真実を後世に伝えるためには、「越年改元」を使うしかなかったからです。

いずれにしても、『日本紀』は先帝の没年と新帝の元年が重ならないように「越年改元法」を用いて代始元年を設定しているのですが、ここの皇極四年の帝位交代の時だけは、先帝崩御でなく「生前譲位」でしたから、ここは「非礼」に当たらないという理由付けによって史実のとおりに「即位年改元法」で書くことができたのだと思われます。

先の孝徳元年の条に「皇極四年を大化元年に改めた」とあるように、『日本紀』の中では唯一ここだけ二帝の年次を同一年の中に重ねて書くことができたのです。その結果、ここの個所で初めて「公年号」が存在していた事実を示唆することが可能になったのだと思います。

また、右には「改元」と書かれていますが、これも大変重要な記事で、『日本紀』に初めて出てきた大化年号が「建元」でなく「改元」となっているのですが、「改元」ということは、その前にも年号があったことを意味します。

中国の公年号は前漢の武帝が建てた「建元」に始まるのですが、「建元」とは「元《はじめ》の年を建てる」の意味でそれが年号の始まりということになります。それ以降、新たな年号を建てた時は、「元《はじめ》の年を改める」という意味の「改元」という表現がなされることになります。

したがって、大化年号が「建元」ではなく「改元」と書かれていることから推察するなら、それ以前にも必ず公年号があったことを意味しているのです。

しかし、ここ以外は、基本的に新帝の即位元年を即位の翌年にずらして書く「越年改元法」が用いられていますので、聖徳以降、歴代天皇が建てていたはずの公年号は書くことができなかったのだと思います。

なお、孝徳天皇の大化六年二月に長門国から白雉《はくち》の献上があり、それを吉祥の顕われとして年号を大化から「白雉元年に改元した」とありますが、ここの改元の記事は実にスムーズな流れの中で書かれていて、これが本来のあるべき改元の年の書き方であろうと思います。

ところが、その次の斉明天皇重祚からはまた元の「越年改元法」に戻していますので、そこからまた年号が史上から消えてしまったのです。

なお、『日本紀』にはもう一カ所「天武紀」に「朱鳥年号」が書かれていますが、ここは話が煩雑になりますのでその解明は別稿に譲ります。

いずれにしても、『日本紀』に「公年号」が書かれなかった一番の理由は、『日本紀』編者らが作った「越年改元法」によって編年が為されたことにあると考えています。

この「越年改元法」を『日本紀』の編者らが史実を改竄して用いた統一的ルールと理解した時、それが「記紀」解明のための大きなカギを握っていることも分かってくるのです。

❸・〈ルールその三〉・『古事記』の「倭国」と『日本紀』の「日本国」

古代のわが国の国号は「ヤマトのクニ」でしたが、その漢字表記が「記紀」では異なるのです。

	広義のヤマトの国（国号）	狭義のヤマトの国（奈良県）
『古事記』	倭国《やまとのくに》	倭《やまと》
『日本紀』	日本国《やまとのくに》（大日本国《おほやまとのくに》）	大倭国《やまとのくに》（大和国《やまとのくに》）・倭国《やまとのくに》

右のとおり、『古事記』は日本国《やまとのくに》が成立する前の「古き倭国《やまとのくに》の時代」を記していますので、新しい「日本国《やまとのくに》」という漢字表記が一切見られません。そして、国家全体の国号は「倭国《やまとのくに》」と書き、狭義の「近畿ヤマトの国」は「倭《やまと》」と書き分けているように見えます。

一方、『日本紀』の場合は、国家全体の国号は「日本国《やまとのくに》」と書き、狭義の「近畿ヤマトの国」は「大倭国《やまとのくに》（大和国《やまとのくに》）」もしくは「倭国《やまとのくに》」と明確に書き分けています。

なお、「倭」も「日本」も「ヤマト」と訓《よ》むことは「記紀」を見れば一目瞭然なのですが、一応いくつかの例で確認しておきたいと思います。

○『古事記』の「倭《やまと》」と『日本紀』の「日本《やまと》」

	『古事記』	『日本紀』
神武天皇	神《かむ》倭《やまと》伊《い》波《は》礼《れ》毘《ひ》古《こ》天皇	神《かむ》日本《やまと》磐余彦《いわれひこ》
ヤマトタケル	倭建命《やまとたけるのみこと》	日本武尊《やまとたけるのみこと》
懿徳《いとく》天皇	大《おほ》倭《やまと》日《ひ》子《こ》鉏友命《すきとものみこと》	大《おほ》日本《やまと》彦耜友《ひこすきとも》天皇
孝安天皇	大《おほ》倭《やまと》帯《たらし》日《ひ》子《こ》国《くに》押人命《おしひとのみこと》	日本《やまと》足彦国押人《たらしひこくにおしひと》天皇
孝霊天皇	大《おほ》倭《やまと》根《ね》子《こ》日《ひ》子《こ》賦《ふ》斗《と》邇《に》命《のみこと》	大《おほ》日本《やまと》根《ね》子《こ》彦太瓊《ひこふとに》天皇
孝元天皇	大《おほ》倭《やまと》根《ね》子《こ》日《ひ》子《こ》国《くに》玖《く》琉《る》命《のみこと》	大《おほ》日本《やまと》根《ね》子《こ》彦国牽《ひこくにくる》天皇
開化天皇	若《わか》倭《やまと》根《ね》子《こ》日《ひ》子《こ》大《おほ》毘《び》毘《び》命《のみこと》	稚《わか》日本《やまと》根《ね》子《こ》彦大日日《ひこおほびび》天皇

じつは、この「記紀」の「倭」と「日本」という国号表記の違いの中にも、日本国成立の経緯が垣間見えているのですが、ここは『日本紀』が神話の時代にまで遡って国号を「日本国」と書き換えていることと、その中で独自の表記法を用いている点に着目したいと思います。

『日本紀』の場合、『古事記』とは異なり、七〇一年に施行された「大宝律令」の規定に則って過去の表記を新しい用字で書き換えているのですが、その中でも天皇に関する文字の使用規定としては

「日本《やまと》」を含めて次の四点が挙げられます。

○『日本紀』の「天子の四点セット」

	諡号または名前の「ヤマト」の字	ミコト（皇族）	死の表記	陵墓
天皇	❶「日本」	❷「尊」	❸「崩」	❹「陵」
皇族ほか	「倭」	「命」	「薨」	「墓」

このように、『日本紀』は、天皇および天皇に準じる人物でその名に「ヤマト」が付く場合、必ず右❶❷❸❹の「日本」「尊」「崩」「陵」を用います。私は、これを「天子の四点セット」と呼んでいるのですが、それは、原則として天皇についてのみ用いる特別な表記法です。

もっとも、ここで『日本紀』の「天子の四点セット」というのは、『古事記』と比較するためのもので、「大宝律令」施行後、天皇については基本的にその「天子の四点セット」を用いて書くことになっています。

『日本紀』は、その❶の「日本」の訓と、❷の「尊」の訓と意味については、第一巻（神代紀）で次のように説明しています。

○『日本紀』・神代紀（国生み神話）

○ 廼《すなわ》ち大日本《おほやまと》 ❶日本、此れをば耶麻騰《やまと》と云う。下《しも》皆此《こ》れに效《なら》へ。 豊秋津島《とよあきつしま》を生む。

『日本紀』神代紀（国生み神話）

～時に、天地の中に一物生《な》れり。状《さま》は葦芽《あしかび》の如し。便《すなわ》ち神と化為《かな》る。国常立尊《くにとこたちのみこと》と号《よ》ぶ。

❷貴《とうと》きの至《きわ》みを「尊」と曰う。自餘《そのほか》は「命」と曰う。並びて「美擧等《みこと》」と訓《よ》む。下《しも》皆此《こ》れに效《なら》へ。

右のように、『日本紀』は、「日本（❶）」と「尊（❷）」の文字が初出した段階でその意味と万葉仮名による訓読を分注で説明しています。そして、いずれも「下《しも》皆此《こ》れに效《なら》へ」と書かれていますので、以降「日本」はすべて「ヤマト」と訓《よ》まなければならないのです。

現在、「倭国」と「日本」を「ワコク」と「ニッポン（ニホン）」と音で読む専門家が多々いるのですが、それは間違いで、どちらも必ず「ヤマト」と訓まないといけません。

つまり、「倭国」＝「日本国」＝「ヤマトの国」ということですが、この関係と意味さえしっかり理解しておけば、日本国成立問題もそれほど難しい問題ではないのです。

いずれにしても、『日本紀』は天皇については原則「天子の四点セット」を使って書いているのですが、例外もあって、天皇とは書いていないのにその四点セットで書かれた人物が一人だけいるのです。それが「ヤマトタケル」です。

周知のとおり、「記紀」に書かれたヤマトタケルは景行天皇の御子で皇太子（太子）だったということになっているのですが、『日本紀』はそのヤマトタケルに「天子の四点セット」を用いて天子と同等に扱っているのです。

これは、つまり「春秋の筆法」を使ってヤマトタケルが実際は「倭王」に即位していた事実を示唆しているものと考えられます。

なぜ、天皇でもないヤマトタケルだけが「天子の四点セット」で書かれるのか。それはある事情によって天皇とは書けなかったヤマトタケルが、実際は倭王（天皇）に即位していた事実を教えるためであったとしか考えられません。

そこで、「ヤマトタケル」ともう一人、邪馬台国論争の中で近畿説では卑弥呼の墓と主張されている箸墓古墳の被葬者「倭迹迹日百襲媛命《やまとととひももそひめのみこと》」の二者の表記を比較して、そのことの意味を考えてみましょう。

○『日本紀』の中の「日本武尊《やまとたけるのみこと》」と「倭迹迹日百襲媛命」の表記の違い

	ヤマトの漢字表記	尊《みこと》と命《みこと》	死の表記	陵《みささぎ》と墓《はか》
日本武尊	日本《やまと》	尊	崩	白鳥《しらとり》の陵
倭迹迹日百襲媛命	倭《やまと》	命	薨	箸《はし》墓

右の「日本武尊」も「倭迹迹日百襲媛命」も天皇とは書かれていませんが、日本武尊の場合は、「日本」「尊」「崩」「陵」という「天子の四点セット」が使われていますので、本当は日本武尊が天皇（倭

王）であったことを示唆しているものと考えられます。

それに対して、倭迹迹日百襲媛命の場合は、その他の皇族の表記に用いられる「倭」「命」「薨」「墓」という表記になっていますので、少なくとも『日本紀』の編者らが「倭迹迹日百襲媛」を「倭王卑弥呼」と同等に扱っていないことが分かります。

仮に、『日本紀』の編者らが倭迹迹日百襲媛命を「倭王卑弥呼」のことと認識していたなら、日本武尊と同じように「天子の四点セット」を用いて書いていたはずなのです。

このことだけでも、近畿説がいう「倭王卑弥呼」＝「倭迹迹日百襲媛命」＝「箸墓古墳」という学説が何の根拠もない稚拙な臆説だということが分かります。

以上、少々長くなりましたが、『日本紀』のルールについてその主なものの三つだけ取り上げて説明してきました。これらを良く理解しておけば、「記紀」の全容解明は可能なのです。

また、ここで特に強調しておきたいのは、『日本紀』が多くのルールを用いて編纂されているということの意味で、その目的が「春秋の筆法」を使うためにあるということです。

つまり、「春秋の筆法」を使っているという事実だけを見ても、彼らが「真実を後世に伝えようとしている」ことが分かるのですが、またわざわざ用いたそのルールを自ら破っている個所があるのです。当然、そこには真実の示唆があると考えておかなければなりません。

そこで、以下、『日本紀』がルールを破っている個所について順次検証し、そこにどのような史実の示唆があるのかを考察するのですが、まずは本書の主題である「日本国成立」問題から取り組んでみたいと思います。

第三章　日本国成立の日

わが国は、一体いつから「日本国」という国になったのか。

これは日本国民であれば、誰もが持つ疑問であり、また最も知りたいことの一つではないでしょうか。しかし、現実には日本人の誰一人としてその名の由来と誕生日を知らないのです。

そこで、まず私が『日本紀』を解読して得た「答え」を先に示しておきたいと思います。

○「日本国成立の日」
・天智治世**「七年目（６６８年）の正月三日（旧暦）」**、近江京において国号を「日本国」に改号。

右は、私が「記紀」解読によって導き出した「日本国成立の日」の「答え」ですが、私はそれを「正解」と確信しています。

しかし、どうしてその具体的な年月日まで分かるのか。

それは、『日本紀』の編者らが前章で述べた「春秋の筆法」を使って「その日」を明確に教えてくれているからです。そこで、以下それを順に説明していきます。

一、天智の御世に日本国に改号された

わが国が倭国から日本国へ国号を更改した歴史的瞬間を知るには、まずそれが「誰の御世」であったかを知ることが先決です。それさえ分かれば、後は『日本紀』がその歴史的瞬間の日を必ず具体的に教えてくれているはずなのです。

古来わが国が中国を始め周辺諸国から「倭国」と呼ばれていたことは周知のとおりですが、それがいつしか「日本国」と呼ばれるようになったのです。

元々、わが国の国号に「倭国」という漢字を当てたのは紀元前の中国人ですが、その時、なぜ「倭」と名付けたのかはいまだに良く分かっていません。

あえてそれを推量するなら、おそらく中国側としては、まだ文字を持たず、漢字も知らず、また言葉も通じない東の大海中に在るわが国を特定するためには、便宜上何らかの「固有名詞」を付けておく必要があったのだと思います。

そこで、紀元前のまだ統一国号もなく統一国家ですらなかった日本列島に住む人種を総称して、「倭」と呼んだのではないかと思われます。その「倭」にはいろいろな意味があります。

○　諸橋轍次《もろはしてつじ》著『大漢和辞典』より抜粋（一部要約）

【倭】❶・したがふさま。
❷・廻って遠いさま。倭遲《わち》をみよ。
【倭遲《わち》】↓・回って遠いさま。〔傳〕倭遲《わち》、貌か遠きを歴《へ》る。〔集傳〕倭遲《わち》、貌《はる》か遠きを回る。
❸・逶《い》・溈《い》・委《い》・威《い》に通ず。
〔正字通〕倭、詩・小雅、周道倭遲《わち》。逶池《いい》・溈地《いち》・委蛇《いだ》・威遅《いち》・委移《いい》と竝《なら》び通ず。

❹・みにくい。

「倭」の字には、概ね右の四つの意味があるようですが、地理的状況から鑑みても古来中国人がわが国を「倭」と表記したのは、おそらく、❷と❸の「曲がりくねったはるか遠くの国」というような意味だったのではないかと思われます。

この点、わが国の先人たちが自ら「ワ」とか「イ（ゐ）」などと言っていたとは思えません。

また、「倭」の音は、「ワ」か、あるいは「イ（ゐ・ヰ）」か、というような議論もありますが、そのどちらであったにせよ、中国側としては、まだ文字が無く漢字も知らないわが国を「特定」するためにはどうしても「固有名詞」を作るしかなく、そこで便宜上「倭」という字を当てることにしたのだろうと思われます。

なお、少し余談になりますが、右❸に「倭と委は通ず」とありますが、これなどは志賀島の金印の印字「漢委奴国王」の「委」と『後漢書』倭伝に記された「倭奴国王」の「倭」の同一性を考える上で十分参考になると思います。また、その❸には、「倭遅《わち（いち）》」と「透池《いい》」「委蛇《いだ》」が「はるか遠く」とか「曲がりくねった」という意味で通じるとあり、やはり金印の「委」は「倭」の略字と考えて良いのではないでしょうか。

さて、紀元前から中国側が勝手に付けていたと思われる「倭国」がいつ「日本国」に改名されたか、それが問題なのですが、じつは中国の『新唐書』や韓国の『三国史記』新羅本紀などの客観的史料によってそのおおよその年代推測は可能なのです。

①・『新唐書』日本国伝咸亨元年（670年）の条
・日本は、古《いにしえ》の倭《わ》の奴国《なこく》なり。
・咸亨元年（670年）、使を遣わし、（唐の）高麗を平らぐるを賀《いわ》う。
・後《のち》に稍《ようや》く夏音《かおん》（漢音）を習い、茲《ここ》に倭の名を更《あらた》めて「日本」と号《なづ》く。～

②・『三国史記』新羅本紀・文武十年（670年）十二月の条
・十二月、～倭国（国名を）更《あらた》めて「日本」と号《なづ》く。自ら言う「日の出《いづ》る所に近し」と。

このように、客観的史料である中国や韓国の記録には、わが国が「倭国」という国名を自ら改め、「日本」にしたと通知して来たのは「西暦六七〇年」のことであったと明記されているのです。彼らが虚偽を書く理由はどこにもありませんから、それは素直に受け入れて良いと思います。そして、その記録が中国の『唐書』では「日本国伝」という列伝の中で書かれています。

また韓国の『三国史記』新羅本紀の場合は、わが国から国名改号の通知を受けた六七〇年以降、一度「倭国」が出てくるだけで、あとの十三カ所はすべて新国号の「日本国」で書かれています。

このような客観的史料を見て分かることは、わが国が「倭国」を「日本国」に改号したのは、少なくとも「六七〇年の直前」のことだったということです。

また、わが国にも、右の史料に対応するかのように、中国や韓国に国号更改の通知をするための使者派遣だったと思われる記事が『日本紀』天智紀の中にあります。

❶『日本紀』天智八年（669年）是歳《このとし》の条
・是歳（669年）、小錦中河内直《かわちのあたい》鯨《くじら》を「大唐」に使いせしむ。

❷『日本紀』天智九年（670年）九月の条
・秋九月辛未朔《かのとひつじついたち》、阿曇《あずみの》連《むらじ》頬垂《つらたり》を「新羅」に遣わす。

右の❶と❷には、「使者派遣の目的が書かれていない」のですが、おそらく先の中国や韓国の記録と、右の使者派遣の年次などを比較検証すると、やはりそれは「日本国」への改名通知のための使者派遣であったとしか考えられません。

したがって、わが国が「倭国」から「日本国」へと改名したのは、六六九年に河内直鯨を唐に派遣する直前だった可能性が高いということになります。

一方で、新旧『唐書』の劉仁軌伝や『三国史記』などには、六六三年八月の「白村江の戦い」の詳細な記録がありますが、その時点までのわが国は、常に「倭」「倭国」「倭人」「倭兵」などと表記されているのです。

つまり、少なくとも六六三年八月の「白村江の戦い」の時点までの唐朝や三韓諸国は、わが国を「倭」と認識し、その間に「日本」という国名は一度も出てこないのです。その唐朝や新羅がわが国を「日本国」と書くのは、前述したとおり「六七〇年」からになるのです。

ということは、「倭国」が「日本国」になったのは、「白村江の戦い」が行なわれた「六六三年八月」から、河内直鯨を唐に送り出した「六六九年」までの間だったということになります。

では、その間のわが国の「大王」は、誰だったのでしょうか。

『日本紀』によれば、その間は「天智の御世」(662年~671年)として記録されています。

したがって、ふつうに考えれば、六七〇年に中国や韓国に国号改名の通知を行なった「大王」とは「天智天皇」以外にあり得ないということになるのです。

●天智は、日本史上、唯一「二度即位」した大王

さて、そこで重要な認識となるのが、倭国を日本国に改名した天智は、わが国の長い歴史の中でも、唯一その在位期間中に「二度即位した大王」になるということです。

つまり、天智は、六六二年に即位した時点では歴代の大王と同じく「倭の大王」だったわけですが、その後、国号を「日本国」に改名したことで、その瞬間から今度は「日本の大王」となったのです。

その意味で、天智は、「唯一日本史上において二度即位した大王」といえるのです。

日本史上において国号を「倭」から「日本」へと改めた人は一人しかいないはずですから、それが天智だったとすれば、たしかに天智は唯一、「二度即位した大王」だったことになります。

問題は、その事実を『日本紀』が直筆できなかったことです。

なぜなら、『日本紀』はその表題に「日本」とあるように、神代紀から持統紀まで首尾一貫して「わが国は日本国である」という建前を貫き、それを大前提として書いているからです。

そのために、天智の時になって「倭国」から「日本国」に改名したという歴史的事実を直筆できなくなってしまったのです。

この点、『古事記』の場合は、その表題にあるとおり、「古き事を記す」わけですから、新国号の「日本」や「日本国」の表記が一切なく、「古き倭や倭国」の表記が用いられているのです。

仮に、『古事記』が「推古紀」で終わらず「天智紀」まで続いていたなら、おそらく史実に則って、「天智の時に倭国を日本国へと改名した」と率直に書けていたはずなのです。

しかし、『日本紀』の場合は、神代から国号のほとんどすべてを「倭」ではなく「日本」へと書き換えています。これが『日本紀』の建前であり大前提なのです。

したがって、そのような建前があるために、本当は「天智まで倭国で、天智が即位した後、やがてそれを日本国に改めました」などと『日本紀』は絶対に書けなかったのです。

では、『日本紀』の編者らは、そのような歴史的に重大な事実を秘匿し、建前だけで押し通そうとしたのでしょうか。そうではなく、そういう建前の中でも、いかにして「真実を後世に伝えるか」、そこに彼らは全力を挙げているのです。

そのために用いられたのが第二章で説明した「春秋の筆法」です。

二、「即位元年干支法」が創られたことの意味

第二章で説明したように、『日本紀』は独自のルールとして「即位元年干支法」を創ったのですが、「四十一帝紀」の中の「五帝紀」でそのルールを破っているのです。

しかし、なぜ彼らは自ら創ったルールを自らで破るのでしょうか。

それは、そのルールが「春秋の筆法を用いて真実を後世に伝えるために創られたルール」であって、いわばそれは「破るために創られたルール」だったからです。

したがって、そのルールが破られている個所には、必ず『日本紀』編者らが直筆できなかった重大な事実の示唆が有ると考えておかなければなりません。

この点、現在までの専門家諸氏は、「春秋の筆法」についての認識がほとんどなく、そのために『日本紀』が独自のルールを創っていることの意味にも気付いていないのです。

つまり、彼らの頭の中に、「日本書紀には、即位元年だけ『是年太歳〇〇』と書かれているという事実」に関する知識はあっても、残念ながらそれが「意図的に創作された虚偽のルールである」ということにまで思考や理解が及んでいないのです（ただ知ってるだけ）。

なぜ『日本紀』には、このような「独自のルール」が用いられているのか。また、なぜこのような「独自のルール」を創って編年しなければならなかったのか。

現代の我々は、そこに編者らの真意が隠されていることに気付かなければならないのです。

そして、それが理解できた時、初めて「記紀」編者らの史家としての真の能力を正当に評価することができるのです。

そこで、まずその「独自のルール」として創られた「即位元年干支法」が本当にルールであるかどうかの事実確認と、そのどこに矛盾が創られているのかを見ておきましょう。

○『日本紀』の「**即位元年干支法**」（原則、元年だけを「是年也、太歳○○《えと》」と書く）

代	天皇	元年	西暦		太歳○○《えと》
1	神武	……	前667	?	太歳甲寅
—	〃	……	前666		乙卯年
—	〃	……	前665		（丙辰年）
—	〃	……	前664		（丁巳年）
—	〃	……	前663		戊午年
—	〃	……	前662		己未年
—	〃	……	前661		庚申年
1	神武	元年	前660	?	辛酉年
……	……	……	前582	?	太歳己卯
2	綏靖	元年	前581		太歳庚辰
3	安寧	元年	前548		太歳癸丑
4	懿徳	元年	前510		太歳辛卯
5	孝昭	元年	前475		太歳丙寅

代	天皇	元年	西暦		太歳○○《えと》
（以下、17代・履中の続き）					
18	反正	元年	406		太歳丙午
19	允恭	元年	412		太歳壬子
20	安康	元年	454		太歳甲午
21	雄略	元年	457		太歳丁酉
22	清寧	元年	480		太歳庚申
23	顕宗	元年	485		太歳乙丑
24	仁賢	元年	488		太歳戊辰
25	武烈	元年	499		太歳己卯
26	継体	元年	507		太歳丁亥
27	安閑	元年	534		太歳甲寅
28	宣化	元年	536		太歳丙辰
29	欽明	元年	540		太歳庚申

6	孝安	元年	前392		太歳己丑
7	孝霊	元年	前290		太歳辛未
8	孝元	元年	前214		太歳丁亥
9	開化	元年	前157		太歳甲申
10	崇神	元年	前97		太歳甲申
11	垂仁	元年	前29		太歳壬辰
12	景行	元年	後71		太歳辛未
13	成務	元年	131		太歳辛未
14	仲哀	元年	192		太歳壬申
……	神功	元年	201		太歳辛巳
……	神功	没年	269	?	太歳己丑
15	応神	元年	270		太歳庚寅
16	仁徳	元年	313		太歳癸酉
17	履中	元年	400		太歳庚子

30	敏達	元年	572		太歳壬辰
31	用明	元年	586		太歳丙午
32	崇峻	元年	588		太歳戊申
33	推古	元年	593		太歳癸丑
34	舒明	元年	629		太歳己丑
35	皇極	元年	642		太歳壬寅
36	孝徳	元年	645		太歳乙巳
37	斉明	元年	655		太歳乙卯
38	天智	元年	662	?	太歳壬戌
……	天智	七年	668	?	即位
39	天武	元年	672	?	……
……	天武	二年	673	?	太歳癸酉
40	持統	元年	687	?	太歳丁亥
……	持統	四年	690	?	即位

右表のとおり、『日本紀』は、原則として天皇の「即位元年」に限り、「是年也、太歳○《え》○《と》」と書き、

それを編年上のルールとして用いていることが分かります。

ところが、その中の「神武紀・神功皇太后摂政紀・天智紀・天武紀・持統紀」の「五帝紀」では、そのルールが破られているのです（右表の「?·」マークの個所）。

したがって、当然この「五帝紀」には、重大な示唆があるはずなのですが、ここは本書の主題「日本国成立」と直接関わる「天智紀」の矛盾についてのみ考察してみたいと思います。

三、「即位元年干支法」の矛盾から浮かび上がる「日本国成立の日」

『日本紀』の「天智紀」には、すぐに分かる矛盾が意図して作られています。それは次の三カ所です。

❶・天智即位前紀（661年）
・（斉明）七年七月丁巳、（二十四日）（斉明）崩ず。皇太子（天智）、素服（白装束）で「**称制**」す。

❷・天智「元年」（662年）の条
・「**元年**」～中略～「是年也、**太歳壬戌**《みずのえいぬ》」。↓（一見ルール通りにみえるが……）。

❸・天智七年（668年）正月の条
・「**七年**」春正月丙戌《ひのえいぬ》朔《ついたち》戊子、（三日）「**皇太子**（**天智**）、**天皇の位に即**《つ》**く**」。

さて、右の❶❷❸の記事を並べて順に読むと、いくつもの矛盾があることに気付きます。それは以下のとおりです。

①・誰も即位していないのに、六六二年に「元年」の年紀が建てられている。年紀は、天皇が即位して初めて建てられるもので、天子がいない年に「元年」を建てることなどあり得ない。

②・それは、斉明崩後に天智が「倭王」に即位していたことを教えるためで、右❷の元年に「是年也、太歳壬戌」と書いたと思われる。それは「即位元年干支法」のルールに適った書き方で、「元年」に「太歳壬戌」とあれば、間違いなくこの年に「誰かが即位している」ことになる。その「誰か」とは、当然「天智」以外にはあり得ない。

③・また、天皇がいない元年に、皇太子の天智が「称制」を務めたと書かれているが、そもそも「称制」とは、幼い皇帝が即位した時、母親である皇太后が代わりに政務を執ることをいう。

しかし、天智は成人男子であり「摂政」はあり得ても絶対に「称制」することはできない。

なぜ、同じ嘘を書くにしても、「摂政」ではなく「称制」と書いたのか。

④・右❸には、皇太子の天智が「初めて天皇に即位した」書かれているが、その年は「元年」ではなく、「七年」と書かれている。本来、即位した年こそが「元年」のはずなのに、なぜそれが「七年」になるのか。しかも、この年には、「是年、太歳戊辰」と書かれておらず、この年を「初めて天皇に即位した」とするのはいかにも不審。

さて、以上の疑問点をじっくり眺めていると、自然と「史実」が浮かび上がってきます。それは、天智が「元年」と「七年」の「二度即位している」という事実です。

その事実を直筆できなかった『日本紀』は、右の❶❷❸のような不可解な書き方をすることで、その史実を後世に示唆しようとしたのでしょう。

そこで、その意味をまた順に説明してみたいと思います。

●なぜ、誰も即位していないのに「元年」が建てられているのか

まず、天皇（天子）のいない「元年」は絶対にあり得ません。

「元年」とはすなわち「帝王の元《はじめ》の年」のことで、一帝王の元年から崩年までの在位期間中の記録を「年紀」とも言いますが、それは天子がその期間の中の「時の支配者」であることを意味しています。前漢の武帝の時に、天子が「宇」という現実の世界を支配するだけでなく、「宙」という時間的空間をも支配しているという概念が生じ、それ以降、天子の治世期間がその「天子の時」であることを示すために「年号」が使われることになったようです。

前漢の武帝は、自らの即位元年（前140年）に遡って「建元」という年号を建てたのですが、それは「元《はじめのとし》を建てる」という意味で、中国における「公年号」の始まりといわれています。これ以降、天子とは「宇宙」という三次元と四次元の支配者であるという概念が確立し、「その時代は、その天子が支配した時」であることを表すために、一代ごとに「年号」を建てることになったのです。

したがって、天子がいない年に「元年」という年紀が建てられることは絶対にあり得ないのです。それを良く承知しているはずの『日本紀』の編者らが、なぜ誰も即位していない六六二年に元年を建てているのでしょうか（右❷）。

しかし、その「元年」の条の最後に「是年、太歳壬戌」と書かれていることを見ても、実際にこの年が「元年」であって、それは「天智が即位していた」ことを示唆しているのだと思います。

史実は、母の斉明が亡くなった直後、皇太子だった天智が即座に「即位」しているのですが、『日

本紀』は、その事実をどうしても直筆できなかったのです。なぜでしょうか。

それは、天智の最初の即位が「倭王」だったからです。

『日本紀』の全篇を貫く建前では、わが国は神代から「日本国」であり、初代神武以降の歴代のすべてが「日本国の天皇」と書き換えられているのです。

つまり、『日本紀』の建前の中では、「倭王」に即位した王は一人もおらず、そのすべてが「日本国の天皇」ということになっているのです。そういう建前の中で、天智の最初の即位の時だけ史実のとおり「倭王に即位しました」と書けるかどうかですが、当然それはできないでしょう。

わが国の長い歴史の中で、「倭王」から「日本王」になった人物が一人だけいるのですが、その史実を『日本紀』は自らの建前によって直筆できなくなってしまったのです。

たしかに、神武以降、皆「日本国の天皇に即位」と書いてきているのに、天智の時になって突然、「天智は、最初倭王に即位しましたが、後に国号を日本国に改名し、その時点で改めて日本王に即位し直しました」などと書けるはずがないのです。

仮にそのようなことを書いてしまうと、『日本紀』全体を貫く「すべて日本国の天皇」という大前提がいとも簡単に崩壊してしまいます。

したがって、わが国が日本国になったのは天智の御世であることはまず間違いないと思いますが、その時、天智は日本史上において唯一「倭王から日本王」になった王であり、その意味で天智だけが「二度即位していた」ことになるのです。

それを直筆できなかった『日本紀』の編者らは、その事実を示唆するために、「天皇が即位していない元年」と「天皇として初めて即位した七年」というあからさまな矛盾を作ったのです。

こうしておけば、「天皇のいない元年」が「倭王に即位」の意味であり、「初めて即位した七年目」が「日本王への即位」ということに気付くはずと考えたのでしょう。

つまり、天智が「倭王」から「日本王」へと「二度即位」していることにさえ気付けば、この矛盾の意味はすぐ理解できるように作られているのです。

●「摂政」ではなく「称制」を使ったのは「元年」を建てるため

先の❶には、六六一年に母の斉明が崩じた後、天智は「即位」ではなく、「称制」と書かれています。

この「称制」とは一体どういう意味なのでしょうか。

その意味については、『史記』や『漢書』に、次のように書かれています。

○『史記』呂太后本紀
・孝恵帝崩ず。………太子を位に即《つ》け、帝と為し、高廟に謁《つ》ぐ。
元年（前187年）、一《はじめ》に（呂）太后が出でて号令す。太后、制を称す（称制）。
○『漢書』高后紀
・恵帝崩ず。太子を皇帝と為す。年幼く、（呂）太后、朝《まつりごと》に臨みて、制を称す（称制）。

このように、「称制」とは、皇帝が幼い時、皇太后がその代わりを務めることをいい、それは基本的に「摂政」とほぼ同じ役目と考えて良いと思います。

ただ、「摂政」の場合、極論するなら皇族でも氏族でも成人男子であれば誰でもその役目を担えるのですが、「称制」の場合は、原則として現皇帝の母親が皇太后（元皇后）として幼い皇帝の代わりを務める場合に限って使う呼称となっています。

当然、『日本紀』編者らのレベルであれば、その意味については百も承知していたはずです。『日本紀』成立直前の七〇一年に「大宝律令」が編纂・施行されていますが、それが中国の律令制を模倣したものであることは周知のとおりです。その編纂に際し、彼らは律令制に関わる字句・用語などはしっかり学んでいたはずで、「称制」という言葉の意味を知らなかったはずがないのです。

ところが、『日本紀』では、母親ではなく成人男子の天智が「称制」したというのです。母親の斉明が崩御しているのに、その息子である天智が本来は母親の皇太后でなければ就けないはずの「称制」をしたというのは明らかに不審です。

しかし、なぜ『日本紀』の編者らは、「称制」についてこのような馬鹿げた使い方をしたのでしょうか。この点、現在の専門家諸氏は、次のように解釈しています。


a・岩波書店・『日本書紀』・補注（二七・1）・坂本太郎・家永三郎・井上光貞・大野晋（校注）
・称制とは、………中国では本来、天子が幼少のとき、皇太后が代わって政令を行なうことを意味する言葉であったが、日本においては、天智天皇が斉明天皇の崩後に称制して、七年正月はじめて即位し、………新帝がいまだ即位の儀を行わずに執政することを称制といった。

b・『広辞苑』（第四版）
・しょう・せい【称制】中国では天子が幼少の時皇太后が、また日本古代では先帝が崩御後新帝が、即位の式を挙げずに政務を執ること。
c・諸橋轍次著『大漢和辞典』
・【称制】太后などが天子に代わって政令を行なふこと。制は天子の命。

右のabには、中国と日本では「称制」の意味が異なると明記していますが、まったく何を考えているのかと言いたくなります。

「称制」という天子に関わる重要な用語の意味や用法において日中間で異なるはずがなく、また『日本紀』の編者らは、当然その本来の意味を良く理解していたはずなのです。

つまり、『日本紀』の編者らは、「なぜ我々が称制について、このような馬鹿げた使い方をするのか、それを良く考えなさい」というメッセージを送って来ているのに、それを「日本の場合は、中国と異なる使い方をしている」などと誤解してしまっているのです。

つまり、現在の史家らは、『日本紀』編者らの真意と能力をまったく理解できておらず、そのような理解力ではとうてい『日本紀』編者らのレベルに到達できるはずもなく、彼らにその解明は無理と言わざるを得ません。

『日本紀』が「皇太子（天智）称制」としているのは、本来と異なる用法によって真実を伝える「春秋の筆法」を用いているためと考えなければならないのです。

ここの問題の本質は、「称制」にあるのではなく、なぜそんな無茶な「称制」の使い方をしてまで「六六二年に元年を建てる必要があったのか」ということの方にあるのです。

本当は、その年を「倭王天智の即位元年」と書きたかったのに、過去のすべてを「日本国の天皇」と書いてしまったために、「倭王天智」の存在自体を直筆できなくなったのです。

そこで仕方なく、「皇太子天智の称制元年」などという前代未聞の無茶な書き方をして、何がなんでもその年に「天智が倭王に即位していた事実」を後世に示唆しようとしているのです。

たしかに、いくらなんでも天皇が即位もしていない年に元年を建てるわけにはいきません。そこで苦肉の策として、天智を「称制」という天皇の代理人に仕立て上げ無理やり「元年」を建ててしまったのです。本来、称制という代理人は天皇がいてこその話なのですが、この際、天皇がいない代理人（称制）を仕立てるのも止むを得ないということだったのでしょう。

そこまでして「元年を建てようとしている」ことに、より注目しなければならないのです。

そして、その代理人の役目は「摂政」でも良かったのですが、それを使うと読者が真に受けてしまう危険性があったのです。

斉明女帝が亡くなった六六一年当時、天智はすでに成人男子になっていましたから、もし、即位はしなかったが「摂政した」などと書いてしまうと、それを読者が真に受けてしまう危険性があり、その場合ますます「天智が倭王に即位していた事実」を後世に伝えることが難しくなるのです。

この点、現在の専門家諸氏は、「天智称制」ですら真に受けているわけですから、ましてや「天智摂政」などと書けばいよいよ天智の「倭王即位」の事実が分からなくなってしまうのです。

そこで『日本紀』の編者らは、「摂政」ではなく、成人男子である天智が絶対になり得るはずのない「称制」にしておけば、そのあまりに不可解な用法から逆に「天智が倭王に即位していた事実に辿り着けるだろう」と計算していたのだと思います。

ところが、現在の専門家らは、「中国の場合」と「日本の場合」で称制の意味や用法が異なると考えてしまったのです。『広辞苑』がそう書いているくらいですから、今やそれが「定説」になっているのです。これでは、永久に「日本国成立の日」は解明できるはずがありません。

本来の「中国の称制」とは異なり、「日本の場合の称制とは」などという馬鹿な考え方をするのではなく、律令制やそれに用いられた字句やその字義に精通していた彼らが、なぜ中国と異なる「称制」の使い方をしてまで「六六二年に元年を建てようとしているのか」ということの方に思考の重きを置かなければならないのです。

天智が六六二年に「倭王に即位」し、そして六六八年に「国号を改めて日本王に即位した」という事実を直筆できない以上、それを示唆するには、どうしても六六二年に「元年」を建てておかなければならなかったのです。

そこまでして『日本紀』の編者らは、「日本国成立の日」という日本史上における「歴史的なその日」を何とかして後世に正しく伝えなければならないと真剣に考えていたのだと思います。

その上で、さらに元年ではなく「七年目に初めて即位」というあからさまな矛盾を書いておけば、その意味に必ず読者は気付き、そこから「称制元年」が実は「即位元年」であるという事実にも辿り着けるであろうと考えていたのだと思います。そして、私はそれに気付いたのです。

さらに、彼らはいま一つその事実に気付かせるために、「即位元年干支法」を創りました。即位元年の末尾には必ず「是年也、太歳〇〇」と書くルールを創っておけば、六六二年の「元年」の末尾にも「是年也、太歳壬戌」と書かれている事実から、その年が皇太子である天智の「称制元年」などではなく、「倭王天智の即位元年」であることにも必ず気付くはずと考えたのでしょう。

ところが、いまだに多くの専門家が「天智の即位元年」を「称制元年」と考えているのですから、残念ながら現在の彼らの思考レベルでは、とても「日本国成立の日」の解明は無理といわざるを得ないのです。

A・「史実」

● 661年	斉明崩御。天智 倭王 に即位。	
❶ 662年	天智元年	是年、大歳壬戌
❷ 663年	天智二年	倭王
❸ 664年	天智三年	倭王
❹ 665年	天智四年	倭王
❺ 666年	天智五年	倭王
❻ 667年	天智六年	倭王
❼ 668年	天智七年	＊日本国へ改号。日本王 に改めて即位。

↓

B・『日本紀』

◎ 661年	斉明崩御。天智「称制」			
① 662年	皇太子	称制	元年	?
② 663年	皇太子	称制	二年	称制6年間
③ 664年	皇太子	称制	三年	
④ 665年	皇太子	称制	四年	
⑤ 666年	皇太子	称制	五年	
⑥ 667年	皇太子	称制	六年	
⑦ 668年	天智	即位	七年	?
	● 最初の即位の年が「七年」?			

　ここまでの話をまとめたのが右表ですが、右表Aの「史実」を右表Bのように書き換えたと考えれば、『日本紀』編者らが何をしようとしているのかも見えてくるのではないでしょうか。

　結局、『日本紀』の「皇太子（天智）の称制六年間」は、実は「倭王（天智）の在位六年間」という史実を示唆しているということなのです。そして、倭王在位七年目の正月に国号を「倭国」から「日本国」に改め、その年から「日本王」に即位したということだと思います。

　その意味で、天智は、唯一日本史上において、倭王から日本王へと「二度即位した王」ということになるのです。

　その時、『日本紀』編者らが「天智が最初は倭王に即位していた事実」を直筆できずに、その在位六年間を「称制六年間」としたことの意味を良く理解しておかなければならないのです。

　長いわが国の歴史の中で、誰かが「倭国」を「日本国」に改号し、その人だけが唯一「倭王」から「日本王」になった人なのです。それが「天智」その人だったことは間違いないと思います。

四、「倭国」＝「日本国」

さて、ここまで論証してきたように、わが国が国号を「倭国」から「日本国」に改号したのは天智で、それが在位七年（６６８年）正月三日（旧暦）であったことはまず間違いないと思います。

しかし、なぜ天智は、「白村江の戦い」から五年を経た六六八年正月に至って突然国名を改めるという歴史的一大決断をしたのでしょうか。

私は、その最も大きな理由の一つは、「白村江の戦い」に敗れた後、倭国と唐朝との間で取り交わされた「歴史的和解」にあったのではないかと考えています。

また、もう一つの理由には、「白村江の敗戦」によってほぼ完全に国家復興の道を立たれた百済の王族たちが倭国に帰化したことと、深く関わっているのではないかとも考えています。

つまり、亡命してきた百済王族らの進言が契機となって、天智は「倭国」から「日本国」への改号を決断した可能性もあると考えているのです。

しかし、その意味について説明する前に、まずわが国の国号に関する重要な認識について述べておきたいと思います。それは、「倭国」と「日本国」は同じということです。

現在では、一般的に「倭」を「ワ」、日本を「ニッポン（ニホン）」と発音しているのですが、この中国音による読み方は平安時代中期以降のもので、「記紀」が書かれた奈良時代の頃は、そのいずれをも倭音（和訓）で「ヤマト」と訓んでいたのです。

この点、第一章でも説明しましたが、伊奘諾尊《いざなぎのみこと》と伊奘冉尊《いざなみのみこと》が生んだ本州島を『古事記』は「大倭《やまと》豊秋津島」と書き、『日本紀』が「大日本《やまと》豊秋津島」と記していることからも分かります。

つまり、「記紀」で漢字表記は異なっても、国号の「倭」と「日本」はいずれも「ヤマト」と訓じられているのです。

特に、『日本紀』の場合は、「日本」の文字が初出する右の「大日本豊秋津島」の段（本文）で、「日本、此れをば耶麻謄《やまと》と云《い》ふ。下《しも》皆此れに效《なら》へ」という分注があり、以下「日本の表記は、すべて『やまと』と訓みなさい」という説明がなされています。

したがって、「記紀」が編まれた奈良時代当時は、中国音の「倭国《わこく》」や「日本国《にっぽんこく》」ではなく、ともに倭音（和訓）で「やまとのくに」と訓んでいたことが分かるのです。

そこから、「倭国＝日本国＝やまとのくに」ということも自明となります。

この点、ややもすれば「倭国《わこく》」から「日本国《にっぽんこく》」へと国号が更改されたと誤解されがちなのですが、実際はそうではなく、「ヤマト」の漢字表記を「倭国」からより良い意味の「日本国」へと改めただけで、「ヤマトのくに」であることに何ら変わりはなかったのです。

このことから、天智は六六二年に「倭王《やまとのおおきみ》」に即位し、その七年後の六六八年正月に「ヤマト」の国号表記を「倭」から「日本」に改め、その時点から「日本大王《やまとのおおきみ》」となったわけです。

その意味で、天智は「歴代ヤマトの大王」の中で唯一、「倭王」から「日本王」へと「二度即位した大王」だったといえるのです。

それにしても、その天智朝に至るまでの長きにわたり、なぜ「ヤマト」の漢字表記に「倭」の字を当ててきたのでしょうか。それは、おそらく歴代の中国王朝がわが国を「倭・倭国・倭人」などと表記していたことと密接に関わっていると考えられます。

紀元前より日本列島とそこに住む人民の存在を中国人は知っていたのですが、その国人は漢字はもとより文字すら持っていなかったために、中国側はその国や民族を特定するために便宜上「倭」という文字をその固有名詞として使ったものと考えられます。

ただ、その時なぜ「倭」という字を当てたのでしょうか。

その真の理由は不明ですが、いずれにせよ、それ以降の歴代中国王朝は、わが国を恒常的に「倭・倭国・倭人」と表記することになったのです。これが後に「倭国」という国号に対する日中間での認識のズレが生じる原因になったと考えています。

それは、わが国が統一国家になっていく歴史的画期を記した中国史書の『後漢書』（倭伝）や『三国志』（倭人伝）には、「倭の奴国」の時代から、やがて「倭の邪馬臺国《やまと》」へと王権が替わったという書き方をしているからです。

つまり、国家の中核をなす国が「奴国」であれ「邪馬臺国」であれ、常に「倭の○○国」という認識で書かれていて、中国人は「奴国」も「邪馬臺国」も共に「倭国の中の一国」であることに変わりないと考えているのです。

しかし、わが国の「奴国」と「邪馬臺国」が同じ民族の中の一国であったとしても、その全体の国号が中国側のいう「倭国」であったとは思えないのです。

たとえば、「記紀」を読むと、広義の国名は「ヤマトのくに」であって、都のあった狭義の国名もやはり「ヤマトのくに」なのです。つまり、わが国の古代においては、都の置かれた中心地名の「ヤマト」がすなわち全体の国名の「ヤマト」にもなっているのです。

これを強いて現在の地名で譬えるなら、「福岡県福岡市」というのに似た地名表記法といえます。全体も「ふくおか」なら中心地も「ふくおか」という地名表記の仕方です。

このような地名表記は中国にはなく、たとえば漢朝の首都は「長安」や「洛陽」であり、そのほかでも歴代中国王朝名とその首都名が一致する例は皆無なのです。

したがって、中国人は常に「倭国（わこく）」の中に国都の「邪馬臺（やまと）」があると考えていたのです。

ところがわが国では、「倭国」も「ヤマトのくに」と訓んでいたのです。つまり、わが国は、国家全体も「ヤマト」なら、国都も「ヤマト」なのです。

ここに、後に日中間で国号更改に対して誤解が生じる一要因があったと考えています。

○「記紀」の「ヤマト」の表記の違い

	国家全体の国号表記	首都のヤマトの表記（東遷前は福岡県・東遷後は奈良県）
『古事記』	倭国（やまとのくに）	倭（やまと）
『日本紀』	日本国（やまとのくに）	大倭国（大和国）又は、倭国（やまとのくに）

『古事記』は都の置かれた近畿ヤマトの国を「倭」と書き、広義のヤマトは「大倭国」「倭国」と書いていて、国家全体も首都も「倭」を当てる点において大きな違いは見られません。

一方、『日本紀』の場合は、狭義の近畿ヤマトは「倭国」や「大倭国」と書くのに対して、広義のヤマトには「大日本国」「日本国」という表記が用いられていて、同じ「ヤマト」でも狭義の「倭」と広義の「日本」という明確な使い分けがみられます。

これは『古事記』が「古き事を記す」というその書名のとおり、「古き時代の倭」をそのまま用いているのに対して、『日本紀』の場合は、七〇一年に施行された『大宝律令』の規定に従い、過去のすべてを原則「新しい表記」に書き換えているためです。

いずれにしても、三世紀以降の中国王朝が「倭国《わこく》の中に首都の邪馬臺国《やまとこく》がある」と認識しているのに対して、わが国は「ヤマトの国」の中に首都の「ヤマトの国」があると言っているのです。

問題は、わが国が初めて漢字を用いるようになった四世紀半ば以降、その広義の「ヤマト」や狭義の「ヤマト」の表記に、中国に従い「倭」という字を当ててしまったことです。

そのために中国側は、わが国の国号を「倭国」で良いものと認識してしまったのではないかと考えられます。まさか「倭国」と書いて「ヤマトのくに」と読むとは思いもよらなかったのでしょう。

この点、「倭王武(雄略)」が南宋の順帝に奉った上表文を見ても、「倭」や「倭王」という文字が躍っていますが、それをわが国は「ヤマト」や「ヤマトノオオキミ」と訓じていたのに対して、南宋朝はその字を中国音で「ワ」や「ワオウ」と読んでいるのです。これが漢字の特性で、漢字や漢文は、その音に関わりなく、文字だけで異なる言語の国々との意思疎通が可能なのです。

「倭国」を「ワコク」と読もうが、「ヤマトのくに」と訓もうが、その文字を見ただけで日中の双方が「日本列島のわが国のこと」として認識し合えるのです。

おそらく、当時のわが国は、宗主国的立場にあった中国南朝との外交上の都合から、中国側の表記に合わせて「ヤマト」の音表記に自ら「倭」の字を当てて使っていたものと推察されます。

それ以外に「記紀」のいずれもが「倭」を「ヤマト」と訓じていることの整合的な答えは見出せません。

わが国の先人たちが「倭」を「ヤマト」と訓じているのは、古来それを当て字に使っていたからとしか考えられないのです。

しかし、「ヤマト」の国名に「倭」の字を用いるのは、いわば「中国から与えられた文字による国名表記」といえ、またその字義も国名としては雅でなく、むしろ良くない意味あいが強いものだったのです。

そのことに初めて気付いたのが「倭王に即位した天智」その人だったのです。

そこで天智は広義の「ヤマト」の当て字に「倭」の字を使うという「悪しき慣習」を取り止め、新たに「日本」という佳《よ》い字に更改することを決断したものと思われます。

そして天智がその更改に踏み切るきっかけになったのが、「白村江の戦い」の後の唐朝との外交（戦後処理）と、亡命してきた百済王族らの進言にあったのではないかと私は考えているのです。

五、「祢軍《でいぐん》墓誌」の中の「日本」についての一考察

天智は、六六八年正月三日に「ヤマトの国」の国号表記を「倭国」から「日本国」へと更改し、六七〇年には中国（唐朝）と韓国（統一新羅国）に使者を派遣し、その旨通告しています。したがって、わが国が「ヤマトの国」の漢字表記を「日本国」へと更改したのは、天智七年（668年）正月三日であることはまず間違いないと思います。

この「日本国」への国号改号問題について参考になるのが、最近発見された「祢軍《でいぐん》墓誌」です。この墓誌については、二〇一一年十月に中国の吉林大学古籍研究所副教授の王連竜氏が「百済人祢軍墓誌論考」という論文を「社会科学戦線」七月号に掲載されたのですが、その墓誌の拓本に「日本」の文字があることが発表され、一時マスコミに大きく取り上げられました。

○・王竜連氏の論文から墓誌拓本の一部を転載

墓誌銘文題名「大唐故威衛将軍上柱祢公墓誌銘并序」

（于時　日本余譙　→　據扶桑以逋誅　風谷遺甿　負盤桃而阻固）

《筆者読み下し》・時に、日本の余譙《よしょう》（旧百済の君臣や残党）、扶桑《ふそう》（日本列島）に據《よ》り、誅（天子の罰）を逋《のが》れ、風谷《ふうこく》の遺甿《いぼう》（亡国百済の遺民）、盤桃《ばんとう》（蟠桃＝辺境）を負い、而《しか》して固《かた》く阻《はば》む（亡国百済の君臣らが日本国を頼みとして唐に帰順しないという意味か）。

この祢軍墓誌は、日本国成立の日を考える上で大いにヒントになると思いますので、少し長文の引用になりますが、参考までに以下その重要な部分の筆者読み下し文を掲載しておきます。

大唐故右威衛将軍上柱国祢公墓誌銘并序（以下、筆者読み下し）

①・公（祢軍《でいぐん》）、諱《いみな》（実名）は軍《ぐん》、字《あざ》は温《おん》、（百済の）熊津嵎夷《ゆうしんぐうい》の人なり。其の先は華（漢民族）と同祖。（西晋の）永嘉末（312年頃）、亂《らん》を避《さ》け、東に適《かな》い（朝鮮半島に適応し）、因《よ》りて遂に家となす。～中略～

②・曽祖《そうそ》は福。祖は誉《よ》。父は善。是《こ》れ皆❶本藩（百済）の一品《いっぽん》、官號《かんごう》は左平《さへい》（百済十六官位の一位）。地を併《あわ》せ緝《つむ》ぐに、義《ことわり》は光身を以てし、天爵（天性の忠義心）を佩《は》きて国に懃《つと》むる。～中略～

③・去る顕慶五年（660年）、官軍（唐軍）の「❶本藩（百済）を平《たいら》ぐる日、機を見て変を識《し》り、剣《つるぎ》を杖として（唐朝に）帰すべきを知《さと》る。（これは、）由余《ゆうよ》の（西）戎を出《いず》るに似て、（匈奴の王子）金單《きんぜん》の漢に入るが如《ごと》し。聖上《ひじりのかみ》（高宗）、嘉《よろこ》びて嘆《ほ》め、擢《えら》びては班（階級）の栄《ほまれ》を以てし、右武衛滻川《さんせん》府沖都尉を授かる。

④・時に、❷日本の余噍《よしょう》（余りものや食べ残しの意＝百済王族）は、❸扶桑《ふそう》（日本列島）に拠《よ》り、以て誅《つみ》を逋《のが》れ、❹風谷の遺甿《いぼう》（亡国百済の遺民）は、❺盤桃《ばんとう》を負い（列島の険阻急峻の地に拠り）、而《しか》して固《かた》く阻《はば》む（唐朝に帰順せず抵抗の意か）。

萬騎は野に亘《わた》り、❻蓋馬《がいば》（高麗）は、驚塵《きょうじん》を以て（百済《くだら》に）與《くみ》し、（倭の水軍は）千艘《そう》を波に横たえて❼原虵《げんじゃ》（百済）を援《たす》け、而《しか》して縦《おもいのまま》に弥《みつ》る。以て公（祢軍《でいぐん》）、海左（海東＝半島）の謨《はかりごと》を格《ただ》し、瀛《うみ》の東の亀鏡《ききょう》（模範）にせんとす。

特に❽簡帝（おごって帝を称す者）在り。往《ゆ》きて招慰《しょうい》するも（帰順を諭《さと》すも）尸《むな》し。公（祢軍）、臣節に侚《じゅん》（殉）じ、而《しか》して命を投げる。　皇華、以て載馳《さいち》に歌う（馬で駆け回り、唐皇帝を称えて歌う）。飛ぶ汎《はや》さは海の蒼鷹《そうよう》（白鷹のごとく）、翥《とびたつ》は陵山の赤雀《あかみとり》（朱鳥のごとく）、河（黄河）に眦《まなじり》を決すれば天呉（海神）は静まり、風隧《ふうすい》（風の道）を鑑《かんが》みれば雲路《くものみち》に通じ、鳧《かも》（鴨）驚きて侶《とも》（伴侶）を失わば、済《わたり》は夕《ゆうべ》に終わらず。

＊筆者注　(1)、右④の最後の一句「済不終夕」の「済」の字は「百済」を示唆しているのかもしれない。高麗・百済を略して「麗」「済」という表記がしばしば見られ、「済は夕べに終わらず」というのは、祖国百済を早々に見限って唐に投降帰順した「祢軍」一族は、近い将来、倭国に庇護されている百済王族らによって亡国百済（済）が復興されることを内心恐れていて、その心情を詩に織り込んでいるのかも……。

(2)、また、蒼鷹《そうよう》（青）・赤雀（赤）・黄河（黄）・風（秋風？＝素風《しろかぜ》＝白）・鳧《かも》（冬鳥＝玄《くろ》（黒））ということであれば、「陰陽五行説の一つ「相生五行」＝「木（青）・火（赤）・土（黄）・金（白）・水（黒）」」を使った詩的表現によって祢軍の功績を称えている可能性がある。

⑤・遂に能《よ》く天威（唐皇帝の威光）を説き暢《の》べ、諭《さと》すに禍福千秋（幸福と不幸（興亡））は、永久に繰り返されるという教え）を以てすれば、❾潜帝（おごりたかぶり帝を称す）、一旦《たちまち》にして臣を称す。
仍《すなわ》ち大首望数十人を領《おさ》め将《ひき》いて朝《みかど》に詣《もう》で入れば、特に（高宗から）恩詔を蒙《こうむ》り、左戎衛郎将を授かる。少《しばら》くして（670年か）選ばれ、右領軍衛中郎将 兼 検校熊津都督府司馬に遷《うつ》る。～

⑥・去る咸亨三年（672年）、十一月廿一日、詔にて右威衛将軍を授かる。～中略～

⑦・以て儀鳳三年（678年）、歳《とし》（木星）は戊寅《つちのえとら》に在る二月朔《ついたち》戊子《つちのえね》十九日の景午（正午すぎ）、疾《やまい》に遘《あ》い、雍《よう》州長安県の延寿里の第《やしき》（宅）で薨ず。春秋六十有六（享年六十六）。

この墓誌拓本（墓誌は所在不明）によれば、この「祢軍《でいぐん》」という人物は、唐の儀鳳三年（678年）二月十九日に薨去したことになっているのですが、その時点で「日本」という表記があることから、王氏は論文で「少なくとも天武天皇の頃には日本になっていた可能性が高い」という論旨を掲載しています。

たしかに、天武の御世は「六七二年九月～六八六年九月まで」ですから、祢軍の薨去した六七八年二月は天武の治世中ということになります。

しかし、私はここまで論証してきたように、わが国が「倭国《やまとのくに》」から「日本国《やまとのくに》」へと国号の漢字表記を更改したのは、天智七年（668年）正月のことであることは間違いないと確信していますので、それから十年後に亡くなった祢軍の墓誌に「日本」と刻されているのは、わが国の国号を過去に遡って新国号を用いた結果と考えています。

ただし、不審なのは、この墓誌の銘文には祢軍の出自から没年までが書かれているのに、なぜかその中に「百済」「高麗」「倭国」という旧国名の表記がまったく見られないことです。

私は、この墓誌の拓本の中では、この点にもっとも強い関心を持っています。

「❶本藩（百済）」「❷日本余噍《よしょう》（百済王族ら）」「❸扶桑《ふそう》（日本列島）」「❹風谷遺甿《いぼう》（遺氓《いぼう》＝百済遺民）」「❺盤桃《ばんとう》（日本列島）」「❻蓋馬《がいば》（高麗）」「❼原虵《げんじゃ》（百済）」「❽簡帝《かんてい》（百済王？・）」「❾潜帝《せんてい》（百済王？・）」

なぜ「亡国百済」と「亡国高麗」、そして「旧倭国」の国名が墓誌に書かれていないのか。

①・六六〇年八月、百済国、滅亡（百済の役）。

②・六六八年正月、倭国《やまとのくに》、国号を日本国《やまとのくに》に改号。
③・六六八年九月、高麗国、殄滅《てんめつ》。

右のとおり、たしかに祢軍が亡くなった六七八年当時、すでに百済も高麗も滅亡していましたし、わが国も国号を日本国に改めていましたから、それらの旧国名を使わなかったという可能性は否定できませんが、それでもふつう過去の記録はその時点の国名で書くはずなのです。

たとえば、『新唐書』は、わが国のことを「日本国伝」という見出しの中で扱っているのですが、その一方で、日本国への国号更改通知をするまでは、常に旧国名の「倭国」や「倭」「倭人」「倭兵」などと書いていて、それまで「日本」の名は一切出てこないのです。

つまり、墓誌に「百済国」「高麗国」「倭国」の名が刻まれていないのは、百済の官位の一位「左平」の要職にあった祢軍が早々に祖国の百済を見限って唐の軍門に下り、なおかつ唐の官位を授かって出世を重ね、唐朝のために生涯を捧げたことと関係するのではないかと思われるのです。

つまり、六六〇年の「百済の役」で百済国は滅亡したのですが、それでもあくまで国家の再興を願いわが国に亡命した旧百済王族らからすれば、祢軍は祖国を見限ったいわば「裏切り者」ということになるのです。

その負い目を感じていたのか祢軍墓誌では祖国百済の名を一切出さずに、「本藩」や「日本餘譙」「風谷遺甿」「原蚍」などと表現しているとも考えられるのです。

また、祢軍が早々に唐朝へ帰順したことを正当化するためか、墓誌には殊更に中国故事にある西《せい》戎《じゅう》の由余《ゆうよ》や匈奴《きょうど》の金單子《きんぜんし》らが中国に帰化した例を引き、「自分らの行為はそれと同じだ」というような少々言い訳めいた文が刻まれているのですが、これなどは祢軍とその一族が内心では祖国を見限ったことへの後ろめたさを感じていた証なのかもしれません。そして、それがまた祖国百済の名を刻むのを憚った一番の理由だったのではないでしょうか。

なお、「日本餘噍《よしょう》」とは、そのまま直訳すれば「日本の余りもの」や「日本の食べのこし」というほどの意味ですが、前後の文脈からもそれが「日本へ亡命した百済の王族や家臣たちなど百済の残党」を指していることは明らかです。それを「百済残党」などとはせず「日本余噍」としたのは、やはり彼らが「百済」の国名を使うのを憚っていた結果かもしれません。

ところで、この時百済の王族らの多くが唐朝ではなく、わが「ヤマト王朝」に亡命していたのですが、その時点のわが国はまだ「倭国の時代」でした。それを「日本」と書くのは、やはり祢軍本人かその親族が六七八年頃に墓誌を書くにあたり、「倭国」＝「日本国」であることを理解していて、過去の倭国時代も含めてすべて新国名の「日本」として書いた結果であろうと推察されます。

なお、この祢軍は、『日本紀』天智四年（６６５年）九月の条に唐の使者の一人としてやって来たと書かれています。『日本紀』は、この祢軍が唐の官人（右《う》戎衛《じゅうえい》郎将《ろうしょう》上柱国百済禰軍）の立場で来朝した時の目的を明かしていませんが、白村江の戦いの二年後であることを考えた場合、わが国に亡命した旧百済王族に国家復興の夢を棄てるよう説得するためだった可能性があります。

当時の唐朝は、討ち滅ぼした百済の地を足がかりにして、新羅と共に北の仇敵・高麗国を殄滅《てんめつ》（この世から消し去る意）するという半島出兵の真の目的を果たす準備をしていた時期で、そこへ南から百済復興のために倭国軍が半島に出兵してもらっては困るという事情があったのです。

そこで唐の高宗は、投降して来た百済の高官祢軍に唐の官位を与えてわが国に派遣し、わが国に身を寄せていた百済王族らに国家復興の夢を棄てるように説得させたのではないでしょうか。

あるいは、もしかすると祢軍はわが国に亡命していた百済王族らに自分と同じように唐朝側に帰順するよう説得しようとしていたのかもしれません。

結果的には、この後わが国は百済復興のための軍を半島に派遣することはなかったのですが、一方、百済の王族たちも唐朝に投降帰順することなく、逆に天智から冠位を授けられ、やがては帰化して日本人になっていったのです（古代唯一の永久保存版戸籍といわれる「庚午年籍」と関連するか）。

いずれにしても、唐朝に投降し、唐の官位を授かることで自ら百済復興の道を断った祢軍と、あくまでもその復興を願ってわが国に亡命逃避して来た王族らとの間には、大きな確執が生じていた可能性があります。それが祢軍をして、わが国に遁《のが》れた百済王族らを「日本餘譙」（日本の余りもの）と言わしめた真の理由なのかもしれません。

しかし、そこには自分の生き様を正当化しようとする一方で、日本列島へ遁れ再起を期す王族らに対して若干の後悔や懺悔の気持ちが見え隠れしているようにも思えます。

それが墓誌には「百済」という祖国名を書かず、「本藩」「日本餘譙」などとした理由だったように私には思えてならないのです。

六、「白村江の戦い」の史実と歴史的意義

私は、六六八年に天智が国号を日本国に改号するきっかけになったのは、「白村江の戦い」にあったと考えています。

「白村江の敗戦」は、いわば半島における局地戦での敗北ですから、わが国の国土が侵犯されたわけではなく、国体そのものを直接揺るがすものではなかったのです。

当時は、倭・唐を中心に、百済・高麗・新羅の三韓諸国の利害が複雑に絡み合い、その意味で「白村江の戦い」は、その後の東アジアの歴史を大きく転換させるきっかけになったことは間違いないと思います。

しかし、ここで注意しておかなければならないのは、倭国と唐の二カ国が直接敵対する関係にあったのではないということです。

当時の唐朝の真の敵は「高麗」であり、それを倒すために、高麗と同盟を結んでいた百済を先に討伐しただけのことなのです。

その百済の宗主国が倭国であり、倭国は臣下の百済国が唐・新羅連合軍に侵攻されるのを阻止するために、百済に倭の官人や兵士を駐留させていたのです。それらはすべて百済救済が目的であって、唐朝と正面切って敵対するためではなかったのです。

唐朝は仇敵である「高麗を倒すため」に、その高麗と手を組んでいた百済を攻め、一方のわが国は

臣下の「百済を救うため」に出兵するということで、結果として百済を巡って倭国と唐朝が刃を交えることにはなったのですが、倭国と唐朝が直接対立していたわけではないのです。

近代史を引いて譬《たと》えるなら、戦後、米ソの代理戦争であった朝鮮戦争や、米中の代理戦争といわれたベトナム戦争などが挙げられます。いずれも、米ソや米中が互いに相手の国土を攻撃したのではなく、朝鮮半島やベトナムという他国の領土の権益を巡って争ったわけで、「白村江の戦い」も半島の権益を巡って当時の倭国と唐朝が争ったいわば代理戦争だったと思います。

現在では、この「白村江の戦い」を倭国と唐朝の全面戦争と位置付け、その上で「白村江の敗戦」後、わが国は、唐・新羅連合軍の本土侵攻を恐れていたという考え方が一般的な認識になっているように思えますが、それはとんでもない事実誤認だと思います。

当時の唐朝は、わが国と全面的に対立し、列島に侵攻して攻撃するなどということはまったく考えてもいませんでした。唐朝の敵はあくまでも仇敵「高麗」だったのです。

しかも、隋の煬帝から唐の高宗に至るまでの約半世紀以上、高麗一国でさえ征伐できずにいるのに、ましてや高麗よりも大国で、かつ険阻急峻なわが国の地形に不案内な唐軍が倭国本土を攻撃するなどということはまずあり得ないのです。

この点、新旧『唐書』の「帝紀」を見ても「白村江の戦い」そのものが書かれていないのです。

ふつう「帝紀」には、その年にあった皇帝や朝廷あるいは外交などに関する重要な事柄が書かれるのですが、六六三年の年次記事中には「白村江の戦い」そのものが書かれていないのです。

それは、その戦いが唐朝にとってはそれほど意義深いものではなく、百済残党を征伐したというほどのものだったからです。

歴史上、百済は六六〇年に百済の義慈王やその太子らが唐朝に投降帰順したことで事実上滅亡しています。

したがって、中国側にとって、その三年後に起こった「白村江の戦い」は、いわば「亡国百済の残党一掃作戦」であり、もはや「帝紀」に書くほどの事件ではなかったということなのです。


A・『旧唐書』・高宗紀・龍朔三年（663年）八月の条
・秋八月 癸卯《みずのとうの日》、彗星《すいせい》、左攝提《さしょうてい》に見ゆ。戊申《つちのえさるの日》、詔し、百寮の極言を諫《いさ》め正す。司元太常伯の竇《しょく》徳玄・司刑太常伯の劉祥道ら九人を持節大使と為し、分けて天下を行かしむ。仍《また》、内外の官の五品已上《いじょう》に各《おのおの》の知る所を挙《あ》げさしむ。

B・『新唐書』・高宗紀・龍朔三年（663年）八月の条
・八月 癸卯《みずのとうの日》、彗星《すいせい》有り、左攝提《さしょうてい》より出《いづ》る。戊申《つちのえさるの日》、詔し、百寮に言事す（教え諭《さと》す。あるいは諫めるの意か）。按察大使を十道（全国）に遣わす。

右のとおり、新旧『唐書』の高宗紀の六六三年八月の条には、「白村江の戦い」のことも「倭国と戦った」ことさえも書かれていません。

それどころか、新旧『唐書』の「帝紀」には、高麗や百済と戦った記事は頻出するのですが、「倭国と戦った」という記事がまったく見当たらないのです。

もちろん、同書列伝の「劉仁軌伝」には「白村江の戦い」の詳細が書かれてはいますが、「帝紀」には、書かれていないのです。これらのことから少なくとも中国側が「白村江の戦い」は「帝紀」に書くべき事件ではないと考えていることが分かるのです。

ところが、現在のわが国の専門家諸氏は、この「白江村の戦い」をまるで日本の古代における中国との一大決戦、日本史上始めて外国に大敗を喫した瞬間であり、敗戦の後のわが国は唐・新羅連合軍の本土襲来を恐れて戦々恐々としていた、などと言っていますが、私は、わが国はそのような脅威をほとんど感じていなかったと思います。

たしかに、わが国が白村江で大敗を喫したことは事実ですが、それは当時の日中双方にとってあくまでも局地戦おいての勝敗に過ぎず、けっしてこの局地戦の敗北によってわが国が国家存亡の危機を迎えていたなどということはあり得ないと思います。

唐朝もけっしてわが国と正面から対峙し、列島への侵攻を画策していたのではなく、むしろ逆に百済復興のために倭軍が半島に送り込まれてくるのではないかと恐れていたのです。

そもそも当時のわが国と唐朝は、百済を巡る権益の対立さえなければ、争う理由はどこにもなかったのです。

私は「白村江の戦い」以降、天智と中臣鎌足がどのような国内政治を行ない対外政策を執ったのかが重要で、中でもわが国と唐朝との関係がどう変化したのかを良く考察する必要があると考えています。

私は、おそらく「白村江の戦い」直後から行なわれた戦後処理をする過程の中から、「日本国」に改号するきっかけが生じていたのではないかと考えています。

●「白村江の戦い」の直後、天智は歴史的善政を行なった?

さて、六六三年の「白村江の戦い」で敗れた後、倭軍《やまとぐん》と共に多くの百済の君臣や遺民がわが国に遁《のが》れて来たのですが、一時にこれだけ多くの難民を抱えた天智と中臣鎌足は一体どう対処したのでしょうか。おそらくこの後も新羅の迫害を恐れて間断なく難民がやって来たと思われます。

現在でも世界各地に数百万人もの戦争難民が溢れ、国連や先進諸国がその対応に苦慮しているのは周知のとおりですが、規模や人数こそ違え、「白村江の戦い」の直後のわが国は、百済難民で溢れかえっていたであろうことは容易に想像できます。その時、もしこれを放置すればどうなるかは火を見るより明らかで、百済難民たちは餓死するよりは生きるために窃盗・強盗・略奪・殺人・強姦・放火などの犯罪行為に走り、そうなれば治安の悪化を招くことは必至です。最悪の場合、全国各地で無策な政府に反発して動乱が頻発する事態さえ想定されます。

当然、天智とその参謀の中臣鎌足は、そのような最悪の事態は想定していたはずで、敗戦の直後からすぐに対策を打っていたのです。

【難民対策・その一】＝「三年間の生活保護と定住政策」

天智が行なった難民対策の第一が百済難民に対する三年間の「生活保護」です。これは「白村江の戦い」の直後から実施されていたようです。

○『日本紀』天智五年（666年）是の冬の条

・（天智五年）是の冬～百済の男女二千餘人を以て、東国《あずまのくに》に居《お》く。凡《すべ》て緇《くろ》（僧侶）と素《しろ》（庶民）とを擇《えら》ばずして、癸亥《みずのとい》の年（663年）より起こして三歳《みとせ》に至るまで（666年10月まで）、並びて「官食」を賜《たま》へり。

このように、「白村江の戦い」の後の九月に倭国軍は帰国しているのですが、一緒に渡った多くの百済難民たちの身分に拘わらず、六六三年十月頃から六六六年十月頃までの丸々三年間も「官食（扶《ふ》持米《ちまい》）」を与えていたことが分かります。これは先述したように、難民の保護と同時にやはり、治安の悪化を防止するための最優先的政策だったと考えられます。

なお、この三年間の生活保護期間が終了する頃、右の「天智五年」（是の冬の条）にあるとおり、一部の百済難民を東国に移住させるなど日本各地への「定住政策」も執っています。

おそらくこの時以降、多くの百済難民が九州・山口や近江など西日本を中心にして日本各地に定住していったものと考えられます。

【難民対策・その二】＝「冠位と官位の授与」

その第二は、「白村江の戦い」の翌年に、百済の王族や家臣らに爵位と官位を与えていることです。国家を失い絶望の極みにあった百済の王族や家臣らに爵位と官位を与えることで、倭王天智に忠誠を誓わせたのだと思いますが、いま一つは一般の百済難民らに対してもわが国が百済人を大切に扱っていることを示す意図もあったと考えられます。

これは卑弥呼が出雲の奴国王（大国主命）を倒した時、出雲大社を建てて神として祭祀し、また神武が近畿東征して最後の奴国王の大物主を倒した時、大国魂《おおくにのみたま》をきちんと祭祀し、さらに奴国王家の人たちをヤマト王家の一員に取り込むことで、敵国だった奴国の人たちの人心を和らげる政策を執ったのとどこか通じるものがあるように思えます。

いずれにしても、孝徳の大化五年（６４９年）二月に制定された冠位十九階を二十六階にまで増爵して百済王族に授与し、彼らをわが国の貴族に加える形で救済しているのです。

さらに、その家臣にあたる大氏や小氏の氏族長（氏上）や伴造《とものみやっこ》らには刀や弓矢を下賜し、その下に民部《かきべ》・家部《やかべ》を定めて組織の基盤作りを手助けしていますが、これも彼らに百済の遺臣や遺民らを統率させ、治安の安定を図るためであったと考えられます。

こうした対策は、「白村江の敗戦」と「難民の大量流入」という国家的異常事態に動揺したであろうわが国民にも平静さを取り戻させる大きな効果があったのではないかと考えています。

【難民対策・その三】＝「朝鮮式山城の建設」

難民対策の第三には、「朝鮮式山城」建設があったのではないかと考えています。

天智はただ官食を与えて生活保護をするだけでなく、百済遺民らに仕事も与えていたのではないでしょうか。それが西日本を中心に造営された「朝鮮式山城」や「水城」などの一大土木事業だったと推察しています。

なぜわが国でこの時期に限って「朝鮮式山城」が造られたのか。それは緊急の難民対策が必要だったからだと考えられるのです。

また、日本国民に対しても、「白村江の敗戦」を理由に唐・新羅連合軍襲来の脅威を説けば、山城という防御施設の建設に税金を使うことに一応の理解を得られたのではないかと考えられます。もっとも、当時の唐軍や新羅軍は、わが国と正面きって戦争するようなことはまったく考えておらず、その心配はほとんどなかったのですが、その理由は後述します。

この点、現在の専門家の多くは、「白村江の敗戦」以降、わが国は唐・新羅連合軍の襲来を恐れて山城を築いたという人が多いのですが、連合軍の脅威を記した記録はほとんどありません。

たとえば「水城」についても、ほとんどの専門家がその名から想像して防御施設と考えているようですが、『日本紀』には水を貯えるための「大堤を築いた」と書かれていて、そのどこにも「防塁《ぼうるい》を築いた」とは書かれていないのです。

○『日本紀』天智三年（664年）の是年の条

・是歳《このとし》、対馬嶋《つしまのしま》・壹岐嶋《いきのしま》・筑紫国《つくしのくに》に防《さきもり》と烽《のろし》を置く。又、筑紫《つくし》に「大堤」を築き、水を貯《たくは》へしむ。

名《なづ》けて「水城」と曰《い》ふ。

右は「白村江の敗戦」の翌年のことですから、万一に備えて対馬・壱岐・筑紫国に「防人」や「烽火台」が置かれたのでしょうが、「水城」は防御のためではなく、半島にあった唯一の外交の窓口であった百済を失ったために、やむなく本国内の筑紫にそれを築く必要に迫られていたのです。

当然、筑紫がその第一線の窓口ということになれば、多くの人たちがそこに集まってきます。その多くの人たちを養うには、多くの田畑が必要になることは必定です。その準備のために、天智は直ちに多くの田畑を潤すための灌漑工事として「水城」を造ったものと考えられます。

そこは当初「築紫都督府」と呼ばれ、後の律令時代には「大宰府」となるのですが、その発展は「白村江の敗戦」がきっかけだったのです。

したがって、「水城」は「防塁」ではなく、あくまでも築紫都督府を今後の外交窓口として整備するための準備の一環として造られた灌漑施設と考えるべきでしょう。

また、当時の唐軍には「投石機」という強力な武器があり、高麗が滅亡したのもそうした強力な兵器によって堅固な石垣の城がほとんど破壊されたことにあります。ましてや、都督府の前面だけに築かれた「土盛りの堤」などは防御施設としてはほとんど何の用もなさないと思います。

この点、少し時代は下りますが、元寇の時にわが国が博多湾岸に造った堅固な「石垣の防塁」と「水城」とを比較すれば、その違いや意味もお分かりいただけるはずです。

私は、「朝鮮式山城」の建設は、国防のためというよりも、むしろ百済難民対策の方に重きが置かれた政策だったのではないかと考えています。「白村江の敗戦」の後、間断なく百済難民がやって来た可能性があり、そのような難民に対する政策として生活保護だけではなく、仕事を与える必要に迫られていたのではないかと思われるのです。

また、わが国の国民にしても、仕事もせずにただブラブラして生活保護だけで暮らしている彼らの姿を見れば、けっして良い印象を持たず、むしろ不安や疑心暗鬼に駆られていたはずです。

そこで天智は、「朝鮮式山城」建設という一大土木事業を彼らにやらせたのではないでしょうか。しかも、時は「白村江の敗戦」の直後でもありましたから、山城の建設という名目で百済難民対策事業を行うことは、当時のわが国の国民に対してもかなりの説得力を持っていたはずです。

なぜこの時に限って「朝鮮式山城」を築く必要があったのか。それは国防という外向きの政策だけではなく、むしろ百済難民対策という内政問題解決のための政策だったのではないでしょうか。

このように、山城の建設が「緊急の百済難民対策事業」であったと考えれば、彼らの手馴れた工法による「朝鮮式山城」の意味も分かりますし、またその工事の責任者に百済人を用いた理由にも納得がいきます。

○『日本紀』天智四年（665年）八月の条

・秋八月、達率答本春初《だちそつとうほんしゅんそ》を遣わし、城を「長門国《ながとのくに》」に築かしむ。達率憶禮福留《おくらいふくる》・達率四比福夫《しひふくぶ》を筑紫国《つくしのくに》に遣わし、「大野」及び「椽《き》」の二城を築かしむ（注・達率は、百済の官位十六階の第二位）。

このように、旧百済の高官を山城建設の責任者に任命して、その造営事業の指揮を執らせているのですが、おそらくその一大土木工事に多くの百済難民らを使うためだったからではないでしょうか。その時、百済高官であれば言葉も通じ意思の疎通も図りやすく、仕事はスムーズに進んだと思われるのです。

そして、このように考えた時、なぜこの時だけに「朝鮮式山城」が造られたのか、その意味も見えてくるように思います。

また、百済の難民をその工事に使役させることによって、わが国民は農業の手を休める必要はなくなり、不満もそれほど出なかったものと考えられます。

私は、「朝鮮式山城」の建設は、もちろん国防のためでもあったでしょうが、それよりも難民対策という内政面により重きが置かれた政策であったと考えています。

【難民対策・その四】＝「近江京への遷都」

その四として、私は「近江京への遷都」も天智の「難民対策」の一つに挙げられるのではないかと考えています。ふつうこの近江京への遷都は、唐・新羅連合軍の来襲を恐れたためといわれていますが、私はまったくそのようには考えていません。

なぜなら、先にも述べましたが、当時の唐朝はわが国と正面切って戦うことはまったく考えておらず、またその余裕もなかったからです。

むしろ当時の唐朝は、「白村江の戦い」の翌年から、わが国との「和解」を積極的に画策していたのです。それは唐朝にとっての真の敵が「高麗」だったからです。

その高麗を殄滅《てんめつ》するためには、まず高麗と手を結んだ百済を倒し、そこを足掛かりにして南北から挟撃しようと考えていたのですが、その邪魔をしたのが百済を支援していた倭国だったのです。

つまり、倭国の半島出兵の目的はあくまでも「百済の復興」であり、一方の唐朝は「高麗の殄滅」にあったわけで、本来倭国と唐国が正面から戦う理由はどこにも無かったのです。

とくに倭国と高麗は元々犬猿の仲にあって、百済が高麗と手さえ組まなければ、倭国が高麗と同盟することもなかった可能性が高いのです。そういう意味で、倭国と高麗の同盟関係はそれほど強固なものではなく、元々は倭国と中国王朝（隋・唐）共通の敵でもあったのです。

いずれにしても、天智が「近江京への遷都」を考えた一番の理由は、百済難民対策であった可能性が高く、それは先の「朝鮮式山城建設」とほぼ時期を同じくして土地の選定を経て着工が始められていたと考えています。

その根拠の一つに、「白村江の戦い」の二年後に百済難民の一部四百人余りを近江国に移住させていることが挙げられます。この頃はまだ生活保護期間中ですから、何らかの目的があって彼らを近江国に移住させたと考えられるのです。

○『日本紀』天智四年（665年）二月と三月の条

・是の月（二月）～復《また》、百済の百姓《たみ》男女四百餘人を以て、近江国《おふみのくに》の神前郡《かむさきのこほり》に居《お》く。

・三月～是の月に、神前郡《かむさきのこほり》の百済人に田を給《たま》う。

天智は、六六七年三月に近江京へ遷都するのですが、ちょうどその二年前に百済人四百人余りを近江国に移住させ、さらに田を与えて定住させています。これは「近江京」造営の仕事に就かせるためであったとも考えられるのです。

いずれにしても、この近江京への遷都については、国民の多くに不満があったようで、その批判や反発についての記載があります。

○『日本紀』天智六年（667年）三月の条

・三月辛酉朔《かのととりついたち》（十九日）己卯、都を近江《おふみ》に遷《うつ》す。是《こ》の時、天下の百姓《たみ》、都を遷《うつ》すことを願わずして、諷諫《ふうかん》する（遠まわしにいさめる）者多し。童謡《わざうた》（暗に遷都を批判する歌）亦《また》多し。日日夜夜《ひびよよ》、失火する處《ところ》多し。

このように、天智の近江京への遷都は、必ずしも国民の理解を得られていなかったようです。そして、天智の百済王族や遺臣らに対する厚遇を批判したと思われる童謡の一首が『日本紀』に記載されています。

○『日本紀』天智十年（671年）春正月の条

・橘《たちばな》は、己《おの》が枝枝《えだえだ》　生《あ》れれども　玉《たま》に貫《ぬ》く時　同《おや》じ緒《お》に貫く

右の詩は、橘の木々に実は成るが、木々や枝枝によって育ちの良し悪しもあるのに、それを区別せずに同じ紐で通しているというほどの意味で、つまり、日本人と百済人は違うはずなのに、それを区別なく同等に扱っているという少々やっかみめいた詩と理解されています。

その意味で良ければ、国民がやっかむほど天智が百済王族や遺臣らを厚く待遇していたことが分かります。事実、この年の正月には、百済の遺臣ら五十人以上に、「小錦下・大山上・小山下」という冠位を与えていて、右の童謡がその記録の直後に記載されていることからも、いかに天智が百済の遺臣らを重用していたかが分かります。

しかし、自国民が批判するくらい百済人を厚遇し、また国民が嫌がる近江京への遷都を強引に決行したのは、大局的視点に立った政策であり、私は結果として善政であったと評価します。

そして、国民が遷都に反対していたことには案外重要な意味があると思います。

それは国民が近江京への遷都そのものを嫌がっていたということは、国都が大和国にあっても国民は唐・新羅連合軍の差し迫った脅威をさほど感じていなかったと考えられるからです。

仮に、その脅威が現実的なものであったとすれば、むしろ国民は積極的に内陸への遷都に応じていたはずです。

もっとも、日本海に近い近江京の方が必ずしも旧都倭京《やまときょう》より安全とも思えませんが、私は当時の国民の遷都に対する反発は、少なくとも差し迫った唐・新羅連合軍の来襲を考慮したものではないと

思います。つまり、当時のわが国には、そのような脅威などなかったのです。

ところで、なぜ天智は、多くの国民が嫌がる遷都をあえて決行したのでしょうか。

それについては様々な理由が考えられますが、そもそも近江京への遷都を決めその造営を始めた時点で遷都は決定事項だったはずですから、やはり、なぜ遷都することを決めたかということから考えておかなければなりません。そこで私は、それを「朝鮮式山城」の建設と同じくやはり難民対策のためであったと考えているわけです。

以上、ここまで私は「白村江の戦い」の後の天智と鎌足の執った政策は、主に「百済難民対策」だったのではないかと推察してきたのですが、その考え方の根本には、「白村江の敗戦」後に倭国と唐朝との間で「歴史的和解」が成立していたという確信があるからなのです。

私は、その「歴史的和解」こそが「日本国成立」に至る直接的契機になったと考えているのですが、以降それについて説明してみたいと思います。

●唐朝は、「白村江の戦い」の直後から倭国との和解を画策していた

六六三年八月二十八日、倭の水軍は「白村江の戦い」で劉仁軌将軍の率いる唐の水軍に大敗を喫してしまいました。その直後、百済の王族や遺臣・遺民らがわが国に大挙して渡航してきたのですが、それを受け入れた天智天皇は直ちに「難民対策」を実行しました。

それは国内の治安の悪化を防ぐとともに、彼らを庇護しヤマト朝廷の管理下に置くことで「唐朝を牽制する目的」もあったからだと考えられます。

なぜなら、仮に「白村江の敗戦」直後に百済の王族や重臣らが皆唐朝へ降伏し帰順してしまった場合、倭国主導による百済復興の望みが完全に潰えてしまうからです。

しかし、百済の王族が唐軍には降伏せず倭国へ逃避したのは、新羅の迫害を恐れたと同時に、国家復興の望みを倭国に託していたからです。また、倭国としても、新羅に滅ぼされた任那国再建のためには百済国の再興こそが必須だったのです。

一方、唐朝にとっても、百済の王族や重臣らの多くが倭国や高麗に逃亡したことは大きな問題になっていたはずです。なぜなら、彼らの全員が唐朝に投降していれば、彼らを唐朝の管理下に置くことができ、その場合、百済王族を失った倭国が百済復興のための軍を半島に派遣してくる危険性はほとんどなかったからです。南の倭国からの脅威がなくなれば、彼らは半島出兵の真の目的「高麗殄滅」のための作戦に集中することができたのです。

ところが、実際は多くの百済の王族らが倭国へ逃避してしまい、これでは唐・新羅連合軍も北の高麗征伐だけに集中することはできません。この時の百済王族らの倭国への逃避行動は、当時の唐朝にとっては思わぬ誤算だったと考えられます。

○『旧唐書』高宗紀（上）・顕慶五年（660年）八月の条

（六六〇年）八月庚辰、蘇定方ら百済を討ち平らげ、其の王扶余義慈《ふよぎじ》、面縛《めんばく》（降伏）す。〜

十一月朔、邢国公蘇定方、百済王の扶余義慈《ふよぎじ》、太子隆ら五十八人を則天門に於て献じ、（高宗）責《つみをただ》して、之を宥《ゆる》す（大目に見る）。

右のとおり、六六〇年の百済の役で百済王の義慈王と太子の隆が唐朝に降伏したことにより、百済国は歴史上消滅しました。

ところが、その時に降伏しなかった一部の王族と鬼室福信を始めとする遺臣らが百済の地で奮戦し、一端はその勢力を回復したのです。さらに倭の斉明朝の下に入侍《にゅうじ》（実質的人質）させていた王子の豊璋を百済王に立てることで、束の間、百済国の再興を成し遂げたのですが、それも「白村江」の敗北で結局無に帰してしまいました。

しかし、新たに百済王に立った扶余豊（豊璋）は父の義慈王とは異なり、「白村江」で敗北しても唐軍には降伏せず高麗へ逃げ延び、また義慈王のもう一人の王子扶余勇や王族・重臣ら、そしてその家族や庶民らは倭軍とともに列島に逃れてきたのです。

このように、勝利した側が敵の王やその一族を皆殺し、あるいは全員捕虜にした場合、ふつうその国の自力による再興はほとんど絶望的ですが、王子や王族らが他国に逃れていた場合、その可能性は残されるのです。

つまり「白村江の戦い」の後、百済の王や王族らは倭国や高麗に逃れていたわけで、唐朝としては彼らがいつまたその支援のもと復興のために兵を挙げるか分からないという危機感を抱き続ける事態となり、ここに唐側の誤算があったと思います。

事実、「白村江の戦い」の直後、唐軍の大将軍劉仁軌が百済の王子扶余勇の倭国への逃避を憂慮している記事が『旧唐書』（劉仁軌伝）にあります。

○『旧唐書』劉仁軌伝

・～（高宗）陛下、若《も》し高麗を殄滅《てんめつ》せんと欲するならば、百済の土地を棄てるべからざるなり。餘豊は北（高麗）に在り、餘勇は南（倭国）に在り。百済・高麗は舊《もと》より相党援し（徒党を組み）、倭国は遠きにありと雖《いえど》も亦相影響し、若《も》し（唐軍の）兵馬無ければ、還りて一国を成さん。～

右は、高宗皇帝が「白村江の戦い」に勝利した後、劉仁軌に本国への帰還を命じたのに対して、劉仁軌が、いま唐軍が百済から撤収すれば、倭国が再び王子の余勇を立てて百済を復興してしまうことを懸念し、撤収ではなく旧兵と新兵を入れ替え、かつ物資の補給をすべきと上疏した時の上表文の一部です。その中で劉仁軌は、皇帝に百済に留まることの重要さを切々と説いていますが、『旧唐書』には劉仁軌がその上表文を書いた理由について「扶余勇は、（唐に投降した）扶余隆の弟なり。是時走りて倭国に在り。以為《おもえらく》、（高麗に逃げた）扶余豊、之に応じるかと。故に仁軌、表にして之を言う」とあります。半島出兵の目的である「高麗殄滅」を成就するためには、百済の土地を棄ててはいけませんと皇帝を説得したのです。

それは「白江村の戦い」の時、旧百済の王族や遺臣らの多くを倭国や高麗に逃がしてしまったために、図らずも彼らに国家復興の機会を与えてしまったからで、特に倭国に逃避した百済の王族や重臣らは、当時の唐朝にとっては本当にやっかいな存在であったと思われます。

また、右の劉仁軌伝にあるように、唐朝の半島出兵の真の目的はあくまでも「高麗殄滅」にあり、東夷の大国である倭国と戦うためではなかったのです。

隋朝の開闢から次の唐朝三代目高宗に至るまでの長きにわたり、高麗一国でさえ手を焼いていた唐朝が、より大国で、なおかつその険阻急峻な地形に不案内な倭国と戦うことなどまったく考えていなかったはずです。それよりも仇敵の高麗を征伐するためには、むしろこの時は「白村江」の局地戦で勝利した優位な立場を利用して、一日も早い倭国との「和睦の道」を積極的に探っていたと考えるべきでしょう。

●六六四年の第一回目の「和解交渉」は決裂した

さて、「白村江の戦い」の翌年四月、唐朝は筑紫都督府（後の大宰府）に百済の鎮将劉仁願の名代として百済禰軍《でいぐん》（祢軍）と郭務悰《かくむそう》を派遣してきました。しかし、この時の交渉は結局決裂したのです。

その第一の理由は、彼らが携えてきた書簡が高宗皇帝の親書や上表文ではなく、劉仁願将軍個人の「牒書」と献物だったからです。「牒書」とは、天子に奉る「上表文」と違い、下位の役人が上官に提出する官人間で取り交わす公文書のことですから、そこからこの時点の唐朝側が倭王である天智を「天子とは公認しない」という姿勢であったことが分かります。

この時の経緯を記した『海外国記』（逸文）を見ると、筑紫に着いた劉仁願の使者らに対して、筑紫都督府の長官は、彼らを「唐朝からの公の使い」とは認めず、さらに一将軍ごときの「牒書」は正式外交文書としては受理できないとして、逆に十二月には筑紫の都督府長官の名で劉仁願あての返書を書き、その上で入国（上京）を拒否するという断固たる姿勢を示しているのです。

○『海外国記』・〈天平七年〈733年〉、春文撰。左の『海外国記』の記事は『善隣国宝記』に所引されたもの〉

・海外国記に曰く、「天智天皇三年（664年）四月、大唐の客来朝す。～中略～
十二月、（伊吉連《いきのむらじ》）博徳《はかとこ》、客らに牒書《ちょうしょ》一函《はこ》を授《さず》ける。函の上には鎮西将軍と著し、「日本国鎮西大将軍、百済国に在《お》る大唐行軍惚管（劉仁願）に牒《しる》す。朝散大夫郭務悰《かくむそう》ら至りて来たる牒《ちょう》を披《ひら》き覧《み》て、意《おもい》の趣《おもむき》を尋《たず》ね省《かえり》みれば、既《もはや》天子の使《つかい》には非《あら》ず。又、天子の書も無し。唯《ただ》、是《こ》れ惚管（劉仁願）の使《つかい》にして、乃《すなわ》ち執事《しつじ》の牒書なり（天子の取次ぎ人の劉仁願の私書にすぎない）。牒《ちょう》は、是れ私意《わたくしのおもい》なり。唯《ひたすら》に須《すべか》らく口で奏《もう》すべし。（ただし）人も公使《おおやけのつかい》に非《あら》ずば、京《みやこ》には入らしめず。

このように、この年の四月から十二月まで筑紫の都督府を舞台にして行なわれた唐と倭国の外交は結局決裂したのですが、それにしてもわが国は「白村江の敗戦」の直後であるにも拘わらず、随分と強硬な姿勢を貫いています。

その理由の第一は、わが国が白村江で負けたのはあくまでも局地戦での敗戦であってまだ余力は十分にあり、チャンスがあれば再び半島に出兵し百済国の復興を考えていたことが挙げられます。そのためにも、ここで安易に唐と和睦して出兵を断念することはできなかったのだと思われます。

また、いま一つの理由は、この時に使者らが持って来た書状が天子に対する「上表文」ではなく、官人の間で取り交わされる「牒書」であったことが挙げられます。

聖徳以降、「天子の国」となった事を国の内外に宣言していたわが国に対して、この時の唐朝はそれを公然とは認めず、あくまでも唐朝の「臣下の国」という扱いをしたのです。

おそらくそれに憤慨したわが国は、そのような一将軍の劉仁願ごときが書いた「牒書」など私文書にすぎないので、それに対してはわが国も築紫都督府長官の「牒書」をもって返答するという態度で臨み、ついにその非礼に対して入京を許さなかったのです。

わが国としては、本当に唐が正式和解をしたいのであれば、少なくとも天子に対する「上表文」か、もしくは高宗皇帝が書いた「倭の天子宛」の「親書」でも持って来いという態度で臨んだものと思われます。

したがって、結局この年の外交は決裂したのですが、しかし、それは表向き「百済の鎮将劉仁願」と「筑紫都督府長官」との間で行なわれた「非公式外交での決裂」に過ぎなかったのです。

もちろん、その裏では唐の高宗と劉仁軌、そして倭国側は天智と鎌足が指示を出していたことは明らかです。それが表向きは倭朝の天智と唐朝の高宗の与《あずか》り知らぬ所で行なわれた「非公式外交」ということになっていたのです。しかし、それが却って翌年（665年）の唐の正式使節団の再来朝を可能にしたと考えています。

ただ最初の和解交渉が非公式外交だったとしても、唐朝側の「和解案」の主旨はヤマト朝廷に伝わっていたはずです。それは先の『海外国記』を見ると、六六四年九月に筑紫都督府長官の代理が「一将軍の書いた牒書などヤマト朝廷には届けられないが、その内容は『口で奏上せよ』と使者に命じた」とあるからで、おそらくその口上の主旨は天智の耳に入っていたと思われます。

したがって、「牒書」ではあってもこの時の唐朝側の来朝の目的は天智や鎌足に伝わっていたと考えられ、それが翌年の「倭朝と唐朝との歴史的和解」に結び付いたのだと思います。

いずれにしても、唐の使者らがこの年の四月に筑紫にやって来て十二月に帰還するまでの間、筑紫の都督府を舞台に、両国間で「和解」を前提とした丁々発止《ちょうちょうはっし》の外交が展開されていたことはまず間違いないと思われます。

問題は、「白村江」の翌年（664年）、わが国とこれ以上事を構えたくなかった唐朝側が速やかに提示してきたであろうその「和解案」の内容です。私はそれを次のように推察しています。

①・亡国百済の王族と重臣らを唐朝へ引渡すこと。これが実現すれば、倭国と唐国が争う理由そのものが消滅する。しかしそれは倭国にとって百済復興の道を自らが断つことを意味している。

②・高麗との同盟関係を断ち切り、半島への出兵を止め、唐の高麗征討の邪魔をしないこと。

おそらく、右の二点が唐朝側の主な要求であり、和解の条件であったと推察します。

しかし、そのような「和解案」をヤマト朝廷が容易に受け入れられるはずもなく、しかもこのような重大な案件を一将軍の「牒書」にしたためて申し入れてきたとすれば、それをわが国が正式な外交文書として受け付けられるはずもなく、門前払いにしたのは当然だったと思います。

ただしその一方で、たとえ非公式扱いだったとしてもこの時両王朝の考え方は双方に伝わったはずで、それが翌年の唐朝による「正式使節団の派遣」と「歴史的和解」に繋がったと思います。

●六六五年の「歴史的和解」について

白村江の翌年（664年）、百済の鎮将劉仁願が和解の打診と思われる使者を遣わしてきたのですが、それを倭国側は筑紫都督府で門前払いにしてしまいました。

そのもっとも大きな理由の一つは、劉仁願の書簡が天子宛の「上表文」ではなく、官人の間で取り交わす「牒書」にあったようです。

そこで、その翌年六六五年九月、唐朝はその表書き（宛名）を「倭皇帝」や「倭皇」などという「天子宛の上表文」に変えて持って来たのではないかと考えられます。

なぜなら、もし前年同様、「牒書」を持って来ていたなら入京どころか再び筑紫都督府で門前払いにされていたはずだからです。

ところが、この年の使節団は飛鳥京まで行って天智や大友皇子に謁見できているのです。

しかも、この年の使節団は二五四名もの大人数で、十一月には飛鳥京で歓待を受けていますので、おそらくこの時に倭朝と唐朝との間で「歴史的和解」が成立したと考えられます。

前年（664年）には百余名もの使節団が筑紫で足止めされた上に劉仁願の「牒書」や「献物」まで突き返されていることと比べても、この時の使節団が前年の倍以上（254名）にも上っているのは、おそらく「天子宛の上表文」と共に「唐の高宗皇帝からの豪華な贈答品」を持って来ていたからではないでしょうか。これが事実なら、この時の和解は中国にとっても中国史上初めて外国の天子と結んだ「天子と天子の和解」だったということになります。

しかしその一方で、はたして「天子宛の上表文」や「豪華な献物」だけで当時のわが国が安易に半島の権益を放棄して唐朝との和解に応じていたのかどうかという疑問も残ります。

私は、この点については、六六五年九月に「倭の皇帝」宛の書簡を持って来ただけではなく、この時の倭国側がやむなく唐との和解に応じざるを得ない別の状況が唐側によって作り出されていたのではないかと推察しています。

それは、その直前の八月に唐の劉仁軌と劉仁願の仲介によって「百済と新羅の間で和親の盟約」が成立していることです。その「盟約」によって、倭国は半島の権益を放棄し、唐との和解に応じざるを得ない状況になってしまったのではないかと考えられるのです。

●智将劉仁軌の策略による「百済国」の一時的復活

私は、六六五年八月に締結された新羅と百済の「盟約」は劉仁軌の策略で、その目的は早急な「唐と倭の和解」の実現にあったと考えています。

しかし、なぜ「新羅と百済」が和親の盟約を結ぶと「唐と倭」が和解できるのか。

それは唐の高宗が戦前に新羅と交わした約束を守り百済の地を新羅に引き渡して唐軍が撤退してしまうと、また倭国が半島に侵攻し、倭国主導の下で百済国を復興させてしまう危険性があったからです。

それを危惧した劉仁軌は、倭との第一回目の交渉が決裂した翌年（665年）、再び半島に赴き、すでに熊津都督府長官として赴任させていた旧百済国王子の扶余隆を暫定百済王に仕立て、新羅の法敏王（文武王）との間で無理やり和親の盟約を結ばせたのです。

つまり、滅亡したはずの百済国を唐朝主導の下に復活させ、その新生百済と新羅を唐朝が仲介する形で手を結ばせたのです。

しかもその盟約文は劉仁軌が起草したものであったことが『旧唐書』百済国伝や『三国史記』新羅本紀などに書かれています。新羅王の法敏は、この「盟約」自体が唐の高宗との約束違反であるとして憤慨するのですが、結局劉仁軌に逆らうことができず渋々その締結に応じたのです。

○『旧唐書』百済国伝

・麟徳二年（665年）八月、（夫余）隆、熊津城に到り、新羅王法敏と刑《おきて》（和親の約束）を白馬にて盟す。（筆者注・「白馬にして盟す」とは、白馬の血を互いに啜《すす》り合い、盟約を誓う儀式）。先《ま》ず神祇及び川谷の神を祀《まつ》り、而《しか》して後に（生贄《いけにえ》にした白馬の）血を歃《すす》る。其の盟文に曰く、「～（盟文の内容は省略）～」。（この盟文は）劉仁軌の辞《ことば》なり。～

本来、唐の高宗と新羅王との間には連合関係を結ぶ時点での約束があり、百済と高麗を討伐した暁には、百済の土地のすべてと高麗の一部を新羅に与えるという約束になっていたのです。

ところが、六六五年、劉仁軌は滅亡したはずの百済国を唐朝の管理下に置いた上で復興させ、なおかつ、同年八月、自らが起草した右の盟約文によって新羅国と新生百済国の二カ国を半ば強引に和睦させたのです。二カ国間で和睦の盟約文を取り交わしたということは、百済国が復興したことを意味するのですが、これが劉仁軌の狙いだったのです。

それに対して、新羅王は約束が違うと憤るのですが、この時の劉仁軌は新羅王との約束を反故《ほご》にしてまでも「倭国との早急な和睦を優先していた」ということでしょう。

おそらく劉仁軌は、唐朝主導の下で百済国が復活したという「既成事実」さえ作ってしまえば、それを知った倭国側が「もはや倭国主導による百済国復興の道は閉ざされた」と考え、半島への出兵を諦めるに違いないと計算したのだと思います。そのためにも早急に新生百済国と新羅国の二カ国間での正式な盟約を結ばせる必要があったのです。

そして、その盟約の写しでも引っ下げて倭国との和解交渉に臨めば、必ず倭国側が交渉に応じてくるはずと考えたのではないでしょうか。

たしかに、唐朝の管理下に置かれていた旧百済の太子扶余隆が新生百済国の代表として新羅国との間で「正式な二国間盟約」を結んでしまうと、倭国は迂闊に手を出せなくなるのです。

もし倭国と和睦を結ぶ前に、約束どおり唐朝が新羅に百済の土地を与えてしまうと、倭国が百済復興のための軍を派遣してくる危険があったのですが、それに先手を打って、唐朝主導の下で百済国が復興されたという「既成事実」さえ作ってしまえば、さすがに倭国も半島への出兵を諦めるだろうと考えたのでしょう。

その「既成事実」をもって倭国との和睦が実現できれば、その後に倭国が半島へ出兵してくる危険性はほぼ無くなり、唐は後顧の憂いなく仇敵の高麗征伐を決行できるのです。

先の「盟約」が劉仁軌の起草文だったということを鑑みても、この時の強引な二国間の盟約は、やはり劉仁軌の作為的計略だったと考えて良いのではないでしょうか。

もちろん、この二国間の盟約はあくまでも一時的なものであり、「倭国との国家的和睦が目的」ですから、それさえ実現できればその後に新生百済国がどうなろうが、もはや劉仁軌の与り知らぬこととなるのです。

事実、この年（665年）の十一月中に「倭朝と唐朝との歴史的和解」が実現しているのですが、それを確認した劉仁軌は、その翌月の十二月には唐の全軍を率いてさっさと半島から引き上げてしまったのです。そのため無防備となった百済に一人取り残された夫余隆は、新羅の侵攻を恐れて勝手に唐に逃げ戻ってしまい、その結果、王がいなくなった新生百済国はわずか五カ月ほどで自然消滅し、結局百済の故地は新羅が領有することになったのです。

したがって、結果的には、いったん反故にされた唐の高宗と新羅王との当初の約束は守られたことになるのです。おそらく劉仁軌はそこまで計算していたのではないかと私は思います。

百済国の復興はあくまでも倭国との和解を目的とした一時的なものであり、それさえ実現できれば唐軍は一端半島からの撤退ができます。そうなれば百済は自然と新羅の手に落ちるだろうと計算していたのだと思います。

つまり、劉仁軌は、この計略が倭国に漏れないように、敵（倭国）を欺くには、まず味方（新羅）からということだったのではないでしょうか。

当初、新羅王はこの盟約の締結を約束違反として怒っていたのですが、気が付けば百済は自然と新羅の手の中に落ちていて、結果的に唐朝は約束を守ったことになるのです。そのため、六六八年まで唐との連合関係は継続され、協力して高麗征伐を成し遂げることが出来たのです。

これらの経緯を考えれば、やはり劉仁軌は稀代の戦略家であり、智将であったと私は高く評価します。

そして、これらのことからも、この時に劉仁軌が強引に百済と新羅の二国間で盟約を結ばせた真の目的が、やはり「倭国との早急な和睦の実現」にあったことも見えてくるのです。

また、私がこの百済と新羅の盟約締結を重視するのは、盟約が結ばれたのが六六五年八月のことで、その一カ月後の九月二十日に劉徳高・百済祢軍・郭務悰ら二五四名もの大使節団が筑紫の都督府にやって来ていることと、その後直ちに天智のいる飛鳥京に入京できていることです。

○『日本紀』天智四年（665年）九月～十二月の条

・九月庚午《かのえうま》朔壬辰（二十三日）、唐国、朝散大夫沂州《きしゅう》司馬上柱国劉徳高《りゅうとくこう》等を遣わす。（以下、分注）等《ら》とは、右戎衛郎将上柱国百済禰軍《でいぐん》（祢軍）・朝散大夫柱国郭務悰《かくむそう》を謂《い》ふ。凡《すべ》て二百五十四人。七月二十八日、對馬《つしま》に至る。九月二十日、筑紫《つくし》に至る。二十二日、表函《ふみひつ》を進《たてまつ》る。
・十一月己巳《かのとみ》朔《ついたち》辛巳（十三日）、劉徳高等に饗宴す。
・十二月戊戌《つちのえいぬ》朔《ついたち》辛亥（十四日）、物を劉徳高に賜ふ。是月、劉徳高等、罷《まか》り帰る。

右の『日本紀』によれば、この時の唐の使者らは七月二十八日に対馬に着いているのに、筑紫に到着したのが九月二十日になっています。ということは、彼らは約二カ月間も対馬に停泊していたことになります。

彼らが対馬に二カ月滞在している間の八月に新生百済国と新羅国が盟約を交わしているのですが、おそらく彼らはそれを待って筑紫都督府にやって来たのではないでしょうか。

そして、彼らはその「既成事実」と共に、表書きに「倭皇帝」と記した「上表文」を携えて来て筑紫都督府の長官に入京の許可を得たものと考えられます。

結果的に、この時の唐側の外交戦略は首尾良くいったようで、その一カ月半後の十一月十三日には飛鳥京において饗宴が催され、その翌月には使者らが帰国の途に着いていますので、おそらくその間に「唐の天子と倭の天子との間で歴史的和解」が実現していたものと考えられます。

私は、ここに「日本国成立」に至る大きな歴史的契機があったと考えています。

しかし、それにしても劉仁軌という人物は、あまり有名ではありませんが、私は相当に優秀な軍師であったように思います。極論すれば、「白村江の敗戦」を含めて、彼一人にしてやられたような気がします。ただし、先の「歴史的和解」が事実だとすればそれも彼の功績となりますから、それ以降のわが国が堂々と国の内外に「天子を戴く国」としての国体を主張できるのは、ある意味、彼のお陰なのかもしれません。

いずれにしても、この「歴史的和解」の後から、中国側は殊更に公言こそしませんが、わが国を「天子の国」として公認することになったのです。

さて、ここまでの私見の信憑性を審議する上で重要なのは、その「歴史的和解」の直後の十二月に劉仁軌と劉仁願らが扶余隆を百済に残してさっさと本国へ帰還していることです。

○『三国史記』新羅本紀・文武王（上）
（六六五年）是《ここ》に（劉）仁軌、我が（新羅の）使者及び百済・耽羅《たんら》（済州島）・倭人四国の使を領《ひき》い、海に浮かびて西（唐）に還り、以て泰山（山東省）の祀りに会す。
○『新唐書』劉仁軌伝
・太山《たいざん》（泰山）を封じるに及び、（劉）仁軌、乃ち新羅・百済・儋羅《たんら》（済州島）・倭の四国の酋長を率い、（封禅の）会に赴《おもむ》く。天子（高宗）大いに悦《よろこ》ぶ。

右のとおり、劉仁軌と劉仁願らの唐軍は、六六五年の十二月頃に四ヶ国の使者らを率いて山東半島の泰山に赴き、翌年正月に高宗皇帝が行なった封禅（天子が泰山で天地を祀る儀式）に参加しているのです。

その結果、唐軍のいない無防備の百済に取り残された扶余隆は新羅の侵攻を恐れ、新生百済国王や熊津《ゆうしん》都督府長官の任務を放棄して長安へと逃げ戻ってしまったのです。

しかし、なぜ劉仁軌らは、突然百済から兵を引き上げることが可能だったのでしょうか。

「白村江の戦い」に勝利した直後は、再び倭国が半島に侵攻することを恐れ、皇帝に上訴してまで唐軍の百済駐留を続行させていた劉仁軌が、この時は何のためらいもなく自ら軍を引いているのです。

それは、その直前に倭国との和解が成立していたからとしか考えられません。

逆に、もし倭と唐が和睦を結んでいなければ、劉仁軌らが撤退したこの時こそ倭国にとっては百済復興の絶好のチャンスだったはずなのです。

ところが、この時以降、倭国はまったく半島に進出する気配すら見せていないのです。

それはやはり唐との和睦が成立していたからでしょう。

わが国としても、唐軍が撤退した時は、半島進出の絶好のチャンスだったわけですが、さすがに「天子と天子の約束」をわが国の方から反故にする事は絶対にできなかったのだと思います。

ここにこそ劉仁軌の真の狙いがあったように思います。

これ以降、わが国と唐朝の間に国家的紛争はなく、八九四年に菅原道真の建白によって遣唐使が停止されるまで、二百年以上にわたり両国間の友好的交流が続くことになるのです。

●高麗滅亡の一大要因は、倭国が同盟を解消したため

いずれにしても、六六五年の「倭と唐の和解」によって、「倭と高麗との同盟関係」は実質的に解消されました。そのため高麗は孤立無援となり、その三年後の六六八年九月、唐・新羅連合軍の南北からの挟撃によって、遂に約七百年間にわたるその歴史に幕を閉じたのです。

そして、それから二年後の唐の咸亨《かんこう》元年（670年）、新たに日本王《やまとのおおきみ》となった天智は、唐が高麗を殄滅《てんめつ》したことを祝賀する使者を送っているのです。

○『新唐書』日本国伝
・咸亨元年（670年）、使を遣わし、（唐の）高麗を平らぐるを賀《いわ》う。

六六三年の「白村江の戦い」の頃、倭国と高麗は同盟関係にあり、唐・新羅と敵対していました。それが六六八年九月、味方だったはずの高麗が敵の唐に倒されているのに、わが国はその敵の唐に祝賀の使者を送っているのです。なぜこのようなことが可能だったのでしょうか。

この点、先の大戦で連合軍がナチス・ドイツを壊滅した時、昭和天皇がアメリカのトルーマン大統領にそれを祝賀する使者や電報を送れたかどうかを考えれば良いのです。

なぜ天智の時には、本来あり得ないようなことが現実に起こったのでしょうか。

それはここまで述べてきたように、「白村江の戦い」から二年後の六六五年に、「倭朝と唐朝との歴史的和解」が実現していて、その直後からわが国は百済国復興を断念すると同時に、唐朝と手を結んだわけですから、当然高麗との同盟関係は自然消滅となり、必然的に高麗への軍事支援も止めることになったのです。

その結果、わが国の支援を失った高麗は孤立無援となり、やがて起こった内紛をきっかけに唐・新羅連合軍によってあっという間に滅亡してしまったのです。

この点、『日本紀』によれば、「白村江の戦い」の直前、倭国は高麗の救援要請に応じて兵を派遣し、唐・新羅連合軍の高麗進攻を阻止しているのです。

❶・（天智）元年（662年）春正月、～是の月、唐人と新羅人、高麗を伐《う》つ。高麗、救いを国家（倭国）に乞《こ》う。仍《よ》って軍将を遣わし、疏留城《そるさし》（都々岐留山）に據《よ》らしむ。是に由り、唐人、其の南の堺《さかい》を略《かす》むるを得ず。新羅、其の西の壘《とりで》を輸《おと》（墜《おと》す）ことを獲《え》ず。

ところが、「白江村の戦い」の後は再三にわたる高麗の救援要請には一切応えていないのです。

❷・（天智）五年（６６６年）春正月戊辰《つちのえたつ》朔《ついたち》戊寅（十一日）、高麗、前部能婁《のうる》らを遣わし、調《みつき》を進《たてまつ》る。

❸・（同年）冬十二月甲午《きのえうま》朔《ついたち》己未（二十六日）、高麗、臣乙相奄す《おつそうあんす》らを遣わし、調《みつき》を進《たてまつ》る。
大使は臣乙相奄す《おつそうあんす》・副使は達相遁と二位の玄武若光ら。

❹・（天智）七年（６６８年）冬十月（『唐書』高宗紀では九月）、大唐の大将軍英公（英国公勣《せき》）、高麗を打ち滅ぼす。

このように、六六五年の倭朝と唐朝が和解した翌年の六六六年、高麗は二度（❷❸）もわが国に使者を派遣して来ているのですが、これはおそらく軍事支援要請だったのではないかと推察されます。しかし、この時の天智が高麗のために行動を起こしたという記録はなく、その二年後（❹）、高麗は唐・新羅連合軍によって打ち滅ぼされてしまったのです。

このような経緯を見ると、やはり「白江村の戦い」（６６３年）と右の❷❸（６６６年）の間に倭朝と唐朝との間で「歴史的和解」が成立していたと考えて良いのではないでしょうか。

いずれにしても、六六八年九月をもって隋代から唐代までの約八十年間にわたって続いた朝鮮半島の動乱は一応終焉し、中国は宿願であった「高麗殄滅」を成し遂げ、またこの時から半島は新羅統一時代を迎えることになったのです。

その意味で、わが国と唐朝との間で結ばれた六六五年の「歴史的和解」は東アジア史上において重要な意義があり、その転換期に果たしたわが国の役割と存在はじつに大きかったと思います。

私は、六六三年の「白村江の戦い」から六六八年の「高麗の滅亡」までの六年間については、「日中の歴史的和解」から「日本国成立」というわが国の歴史上においても大きな転換期であったことを理解した上で、今後この間の歴史の再評価を為す必要があると考えています。

●唐朝との「歴史的和解」は、わが国にとって「外交史上での大勝利」だった

さて、ここまで論証してきたように、六六五年にわが国と唐との間で「歴史的和解」が実現したと私は考えていますが、その時唐朝が提示してきた和解案は、「①・わが国主導での百済復興をあきらめること」、「②・高麗との同盟関係を断ち、高麗支援のための出兵をしないこと」、「③・倭国を天子の国と認めること」の三点だったのではないかと考えています。

この和解案をわが国が飲むことは、半島の権益のすべてを失うことになり、それは一見国益を損なうように見えますが、私はそれ以上に③の価値ある成果を手に入れたと考えています。

この時に唐朝は歴史的譲歩をしてわが国との交渉に臨んだと考えられ、唐朝がわが国を「天子の国」、つまり「王朝」として公認するしか方法はなかったと考えられるのです。

劉仁軌は、唐朝の影響下で形だけの百済国を復興し、新羅と盟約を結ばせることによって倭国の百済復興の道を断つことには成功したのですが、まだ倭国と高麗の同盟関係は解消されていませんでした。あくまでも唐朝の半島出兵の目的は「高麗殄滅」にありましたから、どうしてもその同盟関係を断ち切る必要があったのです。

いまだに百済の南にある倭国とその北にある高麗が同盟関係にある以上、下手をすると逆に南北か

ら百済にいる唐軍が挟撃される恐れすらあったのです。

そこで倭国との和睦を画策したのでしょうが、前年に劉仁願の「牒書」を突き返された経緯から、おそらく劉仁軌がここで歴史的決断、つまり倭国へ譲歩するよう高宗皇帝に奏上したのではないかと推察します。

残念ながら、その事実と経緯は日中双方とも公式記録に残せない事情があり、史料による立証は困難なのですが、私はこのような交渉が行なわれたことはまず間違いないと確信しています。

その公式記録に残せない事情とは、中国は表向き中国以外に天子の存在を公認することはできず、またわが国の「記紀」は、大和王朝万世一系として最初から天子の国という建前ですから、聖徳や天智の時になって初めて「天子の国」になったとは書けなかったのです。

したがって、この時の「歴史的和解」の内容は日中双方とも公式記録に残すことはできなかったのですが、唐朝から持参した公式文書には必ず「倭皇帝」など天子宛の表書きになっていたと確信します。

いずれにしても、この時からわが国は中国公認の「天子の国」という国体を確立したわけで、それは中国からの実質的独立宣言にもなったと思います。

実際は、六〇四年に聖徳が憲法第三条によって天子宣言して以降、わが国はその時点で中国との主従関係を解消し、独立を成し遂げてはいたのですが、それはまだ暗黙の了解だったわけで、真に独立を勝ち取ったのは天智が唐朝と交わした和解の時であったと考えます。

その意味で、六六五年の「歴史的和解」は、わが国の「外交史上における大勝利」でもあったと私は評価します。

　その和解によってわが国は半島における権益と領土は失いましたが、一方で「天子を戴く国」というある意味「最高の国体」を有する国になったとすれば、それを補って余りある大きな国益を得たことになると思います。

　現在のわが国が憲法の下に「天子（象徴天皇）を戴く国」の国体を有し続けられるのも、その基盤を聖徳や天智が築いたことに由来するのであれば、聖徳と天智は日本史上での英雄として再評価するに値する人物であると思います。

　ところで、私は「白村江の敗戦」の直後から天智の行なった「水城の築造」や「朝鮮式山城の建造」、そして「近江京への遷都」などは、いずれも「百済難民対策」を主目的として実施された国内政策と考えているのですが、現在までのほとんどの専門家はそれらを皆「唐・新羅連合軍の襲来に備えるための対外的防衛政策」と主張しています。しかし、それらはむしろ「二次的目的」であり、あくまでもその第一義は「難民対策」の方にあったと考えています。そして、その私見を支えてくれる記事が『藤氏家伝』にあるのです。

○『藤氏家伝』（通称『家伝』・上巻は藤原仲麻呂、下巻は延慶の撰）
①・（天智）摂政六年（667年）春三月、近江国に遷都す。
②・（天智）七年（668年）正月、天皇の位に即《つ》く（日本王《やまとのおおきみ》に即位）。是《ここ》に天命《あめのみこと》開別《ひらすわけ》天皇と為す。朝廷に事無《な》くして遊覧是好《かくしたし》む。人に菜色《さいしょく》（栄養不足の者は）無《な》く、家には余蓄《あまるたくわえ》が有り、民は咸《みな》「太

平の代」と称《たた》える。

右の記録の信憑性の問題もありますが、これが正しければ、「白村江の敗戦」からわずか五年後には、朝廷に「事は無《な》く」、国民は皆「天下太平」を謳歌していたというのです。

そこには少なくとも多くの専門家が言うような「戦中の緊張感」などまったく感じられず、ましてや「唐・新羅の連合軍が明日にも攻めてくるかもしれない」というような差し迫った危機感や緊迫感は微塵もうかがえないのです。

六六五年の十二月頃に唐軍は一端朝鮮半島から全軍を撤収しましたし、わが国もその後半島に出兵することなく近江京へ遷都してからは右のとおり「国家的に憂慮すべき有事は無く、国民には余蓄も有って天下泰平を謳歌していた」というのですから、そのような世情に至ったのは、やはり六六五年十一月中に倭朝と唐朝との間で「歴史的和解」が成立していたからだとしか考えられないのです。

そして、その和解が成立していたからこそ、六七〇年には高麗平定を祝賀する使者を唐朝に派遣することができたのだと思います。

以上、私はその「歴史的和解」を「日本の外交史上における歴史的大勝利」であったと結論しておきたいと思います。

●「日本国」成立の経緯

さて、六六八年九月、高麗は滅亡してその長い歴史に幕を下ろし、朝鮮半島は新羅の統一王国時代となったわけですが、やはり六六五年の「倭朝と唐朝との歴史的和解」は、それ以降の東アジアの歴史を考える上でも大きなターニングポイントになったと思います。

いずれにしても六六五年の「歴史的和解」以降、天智は「天子の国」にふさわしい国体を着々と整えていったと思われますが、その経緯を時系列にすると次のようになります。

①・六六七年、近江京へ遷都

「白村江の戦い」に敗れた六六三年の冬以降に始まった「百済難民対策」事業の一つだったと思われる「近江京」の建設が六六七年に完了し、同年三月に飛鳥京からその近江京へと「遷都」が行なわれました。

②・「倭国」を「日本国」に改号

六六八年正月三日、近江京において「倭国」の国号表記を天子の国にふさわしく「日本国」へと更改。それまでは「ヤマトのくに」の漢字表記は中国側に合わせて「倭国」を用いていたのですが、この時初めてわが国独自の漢字表記による国号を立てたことになります。

なお、唐や新羅の記録によれば、両国共に六七〇年になって天智に遣わされた国使から国号更改の通知を受けたと記録されています。

A・『日本紀』天智八年（669年）是年の条 ・是年、小錦中河内直《かわちのあたい》鯨《くじら》を遣わし、大唐に使いせしむ。	a・『新唐書』日本国伝 ・咸亨元年（670年）、使を遣わし、高麗を平らぐるを賀《いわ》う。後《おく》れて稍《ようや》く漢音を習い、倭の名を悪《にく》み、更《あらた》めて日本と号《なづ》く。
B・『日本紀』天智九年（670年）九月の条 ・秋九月辛未朔《かのとひつじついたち》、安曇連《あずみのむらじ》頬足《つらたり》を新羅に遣わす。	b・『三国史記』新羅本紀・文武王（上） ・（670年）十二月～倭国、更《あらた》めて日本を号す。自ら言う「日の出る所に近し。以て名と為す」と。

なお、天智の在位期間は、「六六二年から六七一年までの十年間」ですから、六七〇年当時の日本国王が天智であることは自明です。したがって、「ヤマトのくに」の漢字表記を「倭国《やまとのくに》」から「日本国《やまとのくに》」に更改したのも天智であることは当然の帰結となります。

③・亡国百済人の帰化政策と「戸籍」の作成

唐朝との和解によって百済復興の道は完全に閉ざされたのですが、その時、当時の倭朝としては亡国の民となった百済王族やその難民らを無国籍のまま滞留させるわけもいかず、当然「倭人（日本人）に帰化」させる必要が生じていたと思われます。

そこで六七〇年（庚午年《かのえうま》）、いわゆる「庚午年籍《こうごねんじゃく》」を完成させたのですが、この戸籍は唯一の「永久保存版」として作成されたといわれ、奴婢を除く全国民の出自や氏姓を明確にしていたようです。

その後、戸籍は三年毎に見直しが行なわれたようです。

なお、六六八年にヤマトの国号表記を「日本国《やまとのくに》」に更改して以降、初めて作られたこの「庚午年籍」を唯一「永久保存の戸籍」としたのは、元々の日本人と帰化した百済人との出自や氏姓を明確にして残しておく必要があったからではないかと推察されます。

また、そもそもこの帰化政策自体が、唐朝との和解条件の一つだった可能性も想定されます。

なぜなら、百済の王族や遺臣らを百済国籍のまま倭国に亡命させていた場合、いずれまた倭国（日本国）の支援によって百済国復興の名目で半島に出兵してくる可能性があったからです。

しかし、その国籍を倭人にしてしまえば、倭国に百済国籍を持った百済王族はいなくなり、その時点で「百済王族による百済国復興」という大義名分も失われてしまうのです。

このように、倭朝と唐朝との和解条件の一つに「百済王族の倭国（後の日本国）への帰化」が唐朝側からその条件の一つとして提示されていた可能性は十分にあり得ると思われます。

それを受け入れた場合、倭国もまた百済王族を立てての百済復興という半島出兵の大義名分を失うことになります。唐朝としては、倭国の半島進出の芽を根幹的な部分から摘み取るためにも「百済人の倭国への帰化」を和解条件にしていた可能性は十分に有り得るのです。

そして、実際にその条件を天智と百済の王族らは受け入れたのではないでしょうか。

それが六七〇年に完成した「庚午年籍《こうご》」が唯一永久保存されたことの意味と受け止めます。

さて、以上のような経緯から、六六五年以降、天智天皇の御世に「天子の国」としての基盤が築かれたと思われますが、その中でも最も大きな事跡は「天子の国の地位を勝ち取ったこと」と「日本国」への国号更改だったと言えるのではないでしょうか。

また、まだその存在は不明確ですが、『藤氏家伝』や『弘仁格式（序）』によれば、天智が国号を更改した六六八年に藤原鎌足が編纂した法令二十二巻が「近江令（近江朝廷之令）」として制定されたと書かれています。仮にそれが事実であれば、国号の更改と同時に天子の国にふさわしい「律令国家」体制構築のための具体的一歩が踏み出されたことになります。

私は「近江令」の存在を肯定的に考えていますが、それが施行されていたと仮定すれば、後に中国と比肩されるような天子統治の下の「律令国家」を具現化するきっかけとなったのは、やはり「白村江の戦い」であり、その二年後に行なわれた「倭朝の天子と唐朝の天子との歴史的和解」にあったと思います。

そして、その瞬間こそが日本史上における大きな歴史的ターニングポイントの一つになったと言えるのではないでしょうか。

●「日本国」への改号は、百済王族の進言がきっかけ？

ところで、なぜ天智は急に日本国号への改号を思い付いたのでしょうか。

それまで長きにわたり中国に合わせて「ヤマトのくに」に「倭国」という漢字を用いていたのに、何がきっかけで突然その更改に至ったのでしょうか。

私は、そのきっかけとなったのは、もしかすると先の百済王族らの新生日本国への帰化政策にあったのではないかという一つの可能性を想定しています。

それは、「白村江の戦い」の後、亡国の民となった百済王族らが「倭」の名の良くないことを初めて天智や鎌足に指摘し、新国号への更改を促したのではないかと推察されるからです。

百済・高麗・新羅などは、それぞれ「天子のいない諸侯王の国」でしたが、その国号は自らが付けた立派な国名でした。

ところが、聖徳以降のわが国は「天子を戴く国」とはなりましたが、漢字を知らない時代からずっと中国によって「倭国」と表記され続け、ようやく四世紀中葉以降わが国でも漢字を使うようになったのですが、その時国号の「ヤマト」の漢字表記に中国に合わせて「倭」の字を当ててしまったのです。この点を百済王族らから指摘されたのではないでしょうか。

百済は、わが国の臣下の立場ではありましたが、その国名は「倭国」のようにいわば中国からあてがわれた国名ではなく、自らが付けた素晴らしい国名であり、それに誇りを持っていたはずなのです。その意味で、百済人はわが国の国号「倭国」を腹の中で笑っていたのかもしれません。

しかし、その百済も滅亡し、百済の王族や遺臣らは否応なしに倭人へと帰化しなければならなくなった時、初めてその名の「雅でなく、悪しき名」であることを天智や鎌足に進言した可能性はあると思うのです。それはある意味「百済人の恩返し」だったのかもしれません。

いま私は、日本国への改号の一つのきっかけとして百済人の進言があったのではないかと考えています。

七、「日本国《やまとのくに》」は、いつから「ニッポン（ニホン）」と呼ばれるようになったのか

ところで、天智が更改した「日本《やまと》国《のくに》」を、いつ頃から現在の「ニッポン（ニホン）」と呼ぶようになったのでしょうか。

この問題はなかなか難解で、専門家によっても見解の分かれるところですが、そもそも「ニッポン」が先か「ニホン」が先かという問題もあります。概ね「ニッポン」が先であろうという意見が多いようで、私もその可能性を思ってはいますがまだ明確な答えは見出せていません。

「日」の字を「ニッ（ニチ）」や「ニ」と読むのは「呉音」によっているためと考えられ、「漢音」を採用していたなら「ジッポン」とか「ジポン」などと発音していたと思われます。

この点、少し時代は下りますが、マルコポーロの『東方見聞録』の各種写本によれば、わが国の国号は「CIPANGU」「CHIPANGU」「ZIPANGU」などとまちまちに表記されているようです。はたしてマルコポーロ自身がどのように発音していたのかは不明確ですが、当時の元朝の「日本国」の音は「Ji-Pan-Gu・（ジパング＝漢音か）」だったと言われていますので、彼はそれに近い音を筆記者に伝えていたものと推察されます。それが後の音便によって現在の「Japan・（ジャパン）」になったのでしょう。

いずれにしても、「ニッポン」であれ「ニホン」であれ、いつから「日本国」がこのような呼称（発音）に変わったのでしょうか。少なくとも飛鳥時代の天智天皇の御世以降、奈良時代・平安時代の初

めの頃までは「ヤマトのくに」と言っていたことは「記紀」や『万葉集』ほかの史料を見てもまず間違いないと思います。私は「ヤマト」から「ニッポン（ニホン）」への呼称変更の時期と理由を次のように推察しています。

①・「ヤマト」が「ヤマト語音（訓読み）」であり、「ニッポン（niet・puan＝中古音）」が「中国語音（音読み）」であることは自明です。しかし、平安時代に行なわれた『日本紀』の勉強会の記録（日本紀講書・私記）などを見ると、『日本紀』の漢文を「中国音」では読まず、基本的にはすべて訓読していることが分かります。たとえば、「天皇」を「すめらのみこと」、「皇太子」を「ひつぎのみこ」、「天下」を「あめのした」などなど。

一方で、詩歌や訓注などには漢字の音の借字である「万葉仮名」が使われていて、やがてこの万葉仮名に用いた漢字が八世紀末頃から草体化（草書体）されて草仮名となり、それがさらに平仮名（女手）や片仮名へと変化しました。その後、借字の万葉仮名だけで書かれていた日本語文が女性を中心に平仮名や片仮名で書かれるようになり、やがて仮名に漢字（真名）を交えた交文の書記体系が確立されたようです。

さらにその後には訓と音を交えた「重箱読み」や「湯桶読み」が生まれていることから、おそらく九世紀中期～十世紀初頭頃までには漢字の音読も始まっていて、「日本」を「ニッポン（ニホン）」と呉音で呼ぶようになったのではないでしょうか。

また、「倭《やまと》（和）」を「ワ」と音読し始めたのもおそらく同時期であったろうと思います。

②・今一つ「日本」を「ニッポン」と呼び変えた理由として、国都が現奈良県の「倭国（大和国）」

から現京都府の「丹波国（平安京）」に遷ったことが挙げられます。

飛鳥時代や奈良時代の国都は「倭国《やまとのくに》（奈良県）」にあり、それが国家全体の「日本国《やまとのくに》」の呼称にもなっていました。つまり、「中心国名（ヤマト）」＝「国家全体の名称（ヤマト）」という関係だったわけです。

ところが、平安時代にその国都が「倭国」から「丹波国」に遷ったために、その関係が崩れ、政治面だけでなく様々な方面で不便や不都合が生じていた可能性があります。

そこで旧国都の「倭国《やまとのくに》」の名称はそのまま残し、国家全体の「日本（ヤマト）」は「ニッポン」と音読（呉音）することで、現国都名（平安京＝丹波国）と国号「日本国（ヤマト）」の不一致から生じる矛盾と混乱を解消した可能性があります。

以上、いつ「日本（ヤマト）」を「ニッポン」と呼ぶようになったのか、まだその明確な論拠は見出せていませんが、今は右のように推察しておきます。

八、「天智紀」の記事重出問題について

さて、ここまで再三述べてきたとおり、わが国が「ヤマトのくに」の漢字表記を「倭国」から「日本国」へと更改したのは、天智七年（六六八年）正月三日（旧暦）だったのですが、それを『日本紀』は、「わが国は神代の時代から日本国《やまとのくに》」という建前で書き換えてしまっているのです。「初めから日本国」という建前の中でいかにして真実を後世に伝えるか、そこに『日本紀』編者らの苦心があったと思います。

私は、『日本紀』の編纂に関わった当時の貴族や史官たちには、表向きはけっして直筆できない真実を何とかして後世に伝えなければならないという強い責任感と正義の心があったと確信しています。ここの「日本国成立の日」についても彼らは本当のことを様々な筆法を駆使して我々に教えようとしているのです。

この点、本章の冒頭ですでに説明しましたが、天智の時に日本国になったという事実については、「①六年間の称制期間（六六二～六六七年）」と「七年目に日本国の天皇に即位」という二度の治世期間をもって、それが実は「天智が倭王から日本国王へと二度即位していた事実」を示唆していると論証しました。

また、「② 即位元年干支法」という『日本紀』独自のルールをもって、やはり「天智が倭王と日本国王の二度即位した事実」を教えてくれていました。

私は、右の①と②だけでも、「日本国成立の日が天智七年正月」のことであったことの証になると思っていますが、さらにいま一つその事実を示唆しているのではないかと思われる記事のあることに気付きました。それは、天智紀の中の「重出記事」です。

なぜか、天智紀の中には同じ内容の記事重出が散見されるのですが、それらが本当にミスによる二重記載なのか、はたまたそのような事実が年月を隔てて二度あったのかについては慎重に検証・考察する必要があります。この点、私個人の見解としては、それらの多くは「意図的に二重記載（重出）」している可能性が高いのではないかと考えています。

ただ、その一々については、かなり専門的かつ煩雑な検証を要しますので、ここは日本国成立問題と関連していると思われる「郭務悰来朝記事」の重出問題についてのみ考察してみたいと思います。

●日本国成立後に郭務悰が二度来朝した記事は「意図的重出記事」か

A・『日本紀』天智八年（669年）是年の条

❶・（天智）河内直鯨《かわちのあたいくじら》らを遣わし、大唐に使いせしむ。

❷・又、大唐、**「郭務悰ら二千余人」**を遣わせり。

B・『日本紀』天智十年（671年）十一月の条

❸・十一月甲午朔《きのえうまついたち(十日)》癸卯、對馬国司《つしまのくにのつかさ》、使いを筑紫大宰府に遣わして言《いは》く、「月生《つきたち》（朔《つきたち》）て二日、沙門《さもん》道久《どうきゅう》、筑紫君薩野馬《つくしのきみさちやま》・韓嶋勝裟婆《からしまのすぐりさば》・布師首磐《ぬのしのおびといは》の四人、唐より来《もどりきた》りて曰《いは》く、『唐国の使

人の郭務悰ら六百人、送使（警護兵）の沙宅孫登《さたくそんとう》ら一千六百人、[総《すべ》て合せて二千人]、船四十七隻に乗り、倶《とも》に比知嶋《ひちしま》（比珍島?）に泊まり、相謂《かた》りて曰《いは》く、今吾輩《われら》が人船、数衆《かずおほ》し。忽然《たちまち》にして彼《かのち》（対馬）に到らば、恐れるは彼《かのち》の防人《さきもり》、驚駭《おどろ》きて射《い》て戦《たたか》わんとす。乃《すなわ》ち道久らを遣わし、預《あらかじ》め稍《すこ》し、来朝の意《おもい》を披《ひら》き陳《の》べさしむ。

唐の郭務悰は、「白村江の戦い」の翌年（664年）と翌々年（665年）に来朝していますが、さらに、右のとおり「六六九年（❷）」と「六七一年（❸）」にも来朝した記事があります。

問題は、右の❷と❸の記事が年次の違いはあっても同一記事（重出）と考えられることです。

この点はすでに専門家諸氏に多くの見解がありますが、概ね❷が重複記事で、❸が史実という意見が大勢のようで、その点は私も同感です。

❷と❸を同一記事とする一番の理由は、どちらも「郭務悰らが総勢二千人で来朝した」という点で一致していることが挙げられます。

あの「白村江の戦い」の直後でさえ、二五四名程度の使節団だったことからしても、六六九年から六七一年までの三年間に二度も郭務悰が二千名もの人間を引き連れてやって来たとは考えにくいからです。

しかし、不審なのは、なぜこのような二重記載が起こるのかということです。

その理由については、勘違いなどの記載ミスという意見もありますが、私は、❸の記事が六六九年の条に書かれている点に強い関心を持っています。

しかも、その❷の記事は、天智が国号表記を倭国から日本国に更改した翌年のことで、またその国号更改を唐朝に通知するために河内直鯨を派遣した年でもあるのです。そこで先の❷と❸の重出記事に関する私の疑問点を次のように整理してみました。

【疑問1】❶・❷・❸の記事には、相手国に使者を派遣した目的が一切記されていないこと。

【疑問2】❷は❸と異なり、具体的な記載がほとんどなく、「郭務悰」と「二千人」という❷と❸に共通する二つのキーワードだけを強調することで、じつは、❷と❸が同じ記事であることを暗に示唆しようとしているように見える。

【疑問3】❷の記事は、六六九年の「是年の条」に書かれているが、一月から十二月までの記事を書き終えた後の「是年の条」の中で、まるで取って付けたように書かれている。つまり、実際はこの年に郭務悰らは来ておらず、ある意図の下に「是年の条」の中に重複記載した可能性がある。

【疑問4】また、その❷と同じく「是年の条」の中には、天智が河内直鯨を唐朝に派遣した記事（❶）が併記されているが、その河内直鯨を派遣した目的（国号の更改）も書かれていない。ここの「是年の条」の中で、❶と❷を併記することにも意味があるのではないか。つまり、❶と❷は関連しているのではないかということ。

【疑問5】❸の六七一年十一月の記事は、天智崩御（同年十二月）の直前の記事ということになるが、やはりここでも郭務悰が二千人を引き連れて来朝した目的が書かれていない。

しかし、その記事の最後に、「稍《すこ》し、来朝の意《おもい》を披《ひら》き陳《の》べる」といかにも意味深な書き方をしている。なぜ、来朝の目的を堂々と言うことができなかったのか。

私はこれらの疑問から、❸と同じ内容の記事を簡略化して書いている❷の六六九年の記事は、六七一年にやって来た郭務悰の来朝目的が「日本国成立の事実確認」にあったことを示唆するために意図して重出させているのではないかと考えています。

ここのポイントは、六六九年の「❶河内直鯨を唐に遣わした」記事と、「❷郭務悰らが二千人でやって来た」という記事が共に「是年の条」に併記されていることと、共に「使者を派遣した目的が書かれていない」ことです。

また、六七一年の「❸郭務悰ら二千人が来朝」した時の記事にもやはりその目的が書かれていないのです。

したがって、この三つの記事は一見何の繋がりもないように見えるのですが、じつは密接に関わっていると考えられます。

❶は、天智が国号を日本に更改したことを通知するための使者派遣の記事ですが、新旧『唐書』によれば、六七〇年にその使者を受け入れた唐朝側はその国号更改の理由を疑っているのです。

それを読むと、唐朝は日本国への国号更改の理由を、単に名前を変えただけではなく、わが国で動乱が起こった結果ではないかと疑っていたことが分かります。

●唐朝は、「倭国《わこく》」で事変が起こって「日本国《にっぽんこく》」に代わったのではと疑った

A・『旧唐書』日本国伝（945年成立）

・日本国は、倭国の別種なり。

①・其の国、日邊《ひのべ》に在り、故《ゆえ》に「日本」を以て名と為す。

②・或曰《またいわ》く、「倭国、自ら其の名の雅《みやび》にあらずを悪《にく》み、改めて日本と為す。」と。

③・或曰《またいわ》く、「日本、舊《もと》は小国。倭国の地を併す。」と。

④・入朝した其の人（使者）、自ら矜大《きょうだい》（誇り高ぶる）多く、実《まこと》を以て対《こた》えず。

故に中国（使者の話を）疑うかな！

B・『新唐書』日本国伝（1060年成立）

・日本、古《いにしえ》の倭《わ》の奴国《なこく》なり（倭国＝日本と考えている）。

・咸亨元年（670年）、（天智）使を遣わし、（唐朝の）高麗を平らぐるを賀《いわ》う。

①・後に稍《ようや》く漢音を習うに、「倭」の名を悪《にく》み、更《あらた》めて「日本」と号《なづ》く。

②・使者自ら言う、「国、日の出《いづ》る所に近し。以て名と為す。」と。

③・或云《またいわ》く、「日本、乃ち小国、倭の并《あわ》す所と為す。故《ゆえ》に其の号《な》を冒《かぶ》ると。

④・使者、情《まこと》を以てせず、故《ゆえ》に（中国）疑うかな！

右の新旧『唐書』の日本国伝は、六六九年に天智が遣わした使者の河内直鯨らが翌年の六七〇年に唐朝に着いた時の記録と思われますが、わが国は「倭国の名を悪《にく》み、嘉《よ》き名の日本国に更改した」と告げたのに対して、中国側はそれを疑ったようです。なぜ疑ったのでしょうか。

それは、わが国が「やまと」の漢字表記を「倭（やまと）」から「日本（やまと）」に改めただけと告げているのに対して、それを聞いた中国側は、「倭国（わこく）」が「日本（にっぽんこく）」になったと勘違いしていたためと思われます。

これは漢字の特性から起こった問題で、漢字は基本的に表意文字ですからその字をどう発音しようが漢字そのものによって意思の疎通が図れるのです。

つまり、「倭国」を「わ」と発音しようが「やまと」と発音しようが「倭国」と漢字で書けば、双方が理解できるのです。これは「日本」も同じで、古代のわが国はそれを「やまと」と訓んでいたのですが、中国人は「じっぽんぐぅ」とか「にっぽんぐぅ」などと音で読むのです。

なお、古代中国人も当時のわが国の首都が「やまと」であることは理解しているのですが、それはつまり、国家全体の名は「倭国《わこく》」で、国都の名が「邪馬臺《やまと》」という認識だったのです。

まさか「倭国」も「やまと」と読むとは知らなかったのです。ここに中国側が誤解する大きな原因があったと考えられます。

わが国の表記	国号	国都名
『古事記』	倭国《やまとのくに》	倭《やまと》
『日本紀』	日本国《やまとのくに》	倭《やまと》国《くに》

↕

中国側の表記	国号	国都名
『後漢書』他	倭国《わこく》（わこく）	邪馬臺《やまと》（やまと）
『隋書』他	倭国《わこく》（わこく）	邪靡堆《やまと》（やまと）

このように、わが国が国号を日本国に改めた理由を聞いた中国側は、元の倭国《わこく》とはまったく別の新興日本国《にっぽんこく》が成立したのではないかと勘ぐっていたようなのです。

したがって、先の新旧『唐書』それぞれの③にある「或云」は、おそらくわが国の使者が言った話ではなく、唐朝の役人が勝手に推測した話に使者が生返事をしたのではないかと思われるのです。

つまり、当時のわが国では国家が転覆するような事変など一切起こっていないのに、その可能性を疑った唐の役人が、「もしかしてあの倭国が新興日本国に倒されたのではないか」とか、逆に「倭国が日本国を征伐してその名を取ったのではないか」などと国号更改の理由を勝手に邪推して使者に質問してきたのではないかと考えられるのです。

その時、わが国の使者は、即座に「それは違う。倭の字が良くないから日本に改めたのだ」と言ったはずなのですが、その説明に得心がいかない唐の役人らは、再三再四、先のような質問を浴びせ掛けてきた可能性があるのです。

しかし、なぜ中国側はわが国の使者らの説明に納得がいかなかったのでしょうか。

それは、古来わが国は「やまと」の国号表記に中国と同じ「倭国」という漢字を用いていたわけですが、それを今さら「その名が良くないから改めた」と言われてもにわかには信じられず、もっと別の大きな理由、つまり国家的事変が起こったのではないかと疑ったためと思われます。

一方、わが国としても「倭の字が良くないので日本という佳字に改めた」という本当の理由を主張し続けることができなかったのではないでしょうか。

なぜなら、仮に中国側がその理由を素直に受け取った場合、唐の役人らは、おそらく「バーカ、今頃それに気付いたのか」と腹の中で大笑いしていたはずだからです。

たしかに、漢字を知った四世紀半ば以降、わが国はずっと「倭」の字を国号に使い続けていたのですから、今頃その悪字に気付くとは少々遅きに失した感があるといえます。

しかし、わが国の使者はそのような馬鹿にされて笑われることさえも覚悟し、勇気を持って正直かつ恥を忍んで本当の更改理由を堂々と述べているのです。

ところが、逆にその説明を受けた中国側の方が「まさか」と思ってしまったのでしょう。

そんな馬鹿げた理由で何百年も使い続けた倭国という国号を今さら改めるはずがないと思ってしまったのではないでしょうか。そこで別の理由を彼らなりに考えて「ああじゃないか、こうじゃないか」と使者にしつこく問い質したのではないかと思われるのです。

中国人は「倭国」を中国音で「わこく」と読み、「やまとのくに」などとは絶対に読めませんから、使者が説明した「倭の字を悪み」ということの意味が良く理解できなかったのだと思います。中国人は、古来「倭国《わこく》」の中に「邪馬臺《やまと》（邪靡堆《やまと》）」という首都があると思っていたのです。

ところが、実際のわが国は「ヤマトの国（倭国）」の中に「ヤマト（倭）」という国都があったのです。それを中国側はほとんど理解できていなかったのです。

そのために、「やまと」の国号に「倭」の悪字を用いていたのを止め、新たに「日本」という佳字に更改したということの意味が理解できず、「倭国《わこく》」が新興「日本国《にっぽんこく》」になったと誤解してしまったものと思われます。

このような行き違いから、唐朝側は「日本国」の成立を単なる国号変更ではなく、国家そのものが入れ替わったのではないかと疑ったのでしょう。

私は、わが国が国号更改の通知をしたその翌年（671年）に郭務悰らが警護兵など兵士を含めた二千人でわが国にやって来たのは、おそらくその事実確認のためだったと考えています。

なぜなら、彼らの推測どおりに倭国が新興日本国に取って変わっていた場合、その外交は朝鮮半島情勢を含め、そのすべてを一から見直さなければならなくなるからです。

そう考えると、この時に郭務悰が兵士ら二千人を引き連れてやって来たのも、そのような万が一の事態（動乱）に備えるためであって、自らの身を守る必要があったからだと思われます。

実際は、国名の漢字表記を変えただけで何事も起こってはいなかったのですが、唐朝側としては、東夷の大国の倭国で一体何が起こったのかその真相を知りたかったのではないでしょうか。

問題は、先の❶❷❸の記事に「使者派遣の目的が書かれていない」ことで、❶は倭国から唐に対する「日本国への改号通知」で、❸は「その国号更改の本当の理由の確認だった」と思われますが、先述したように『日本紀』の建前では、そのそれぞれの使者派遣の真の目的を書くことはできなかったのです。

そこで、その❶と❸の記事が「日本国号への更改」に関連する一連の記事であることを示唆するために、❸のコピーとして❷の記事を作り、それを六六九年の「是年の条」の中で❶の後にそれを簡略化した❷を併記することで、そのことの意味を教えようとしたのだと思います。

つまり、六六九年に河内直鯨が唐に渡って国号更改を通知した結果、その更改の原因を内乱ではないかと疑った唐朝が郭務悰らを派遣して来たという史実を教えるために、意図して❷の重出記事を作り、それを❶の個所にさりげなく併記した可能性が高いということです。

なぜ、そんなややこしいことをしたのかというと、それは天智七年（６６８年）に国号を日本国に更改した事実を『日本紀』が直筆できなかったことに起因し、そのためにやむなくこのような面倒な方法用いてでも何とかその事実を後世に示唆しようとしたとしか考えられません。

ここは説明が大変難しいのですが、私は『日本紀』の編者らが「日本国成立の日」の真実を教えるために、意図して「郭務悰ら二千人来朝記事」の二重記載を行なったものと考えています。

なお、再三述べてきましたが、天智は唐朝に国号の更改を通知した六七〇年の九月に新羅にも使者を送り、やはり国号を改めた旨の通知を行なっています。

○『日本紀』天智九年（６７０年）九月の条

・秋九月辛未朔《かのとひつじついたち》、阿曇連頰垂《あづみのむらじつらたり》を新羅に遣わす。

右の記事にも「新羅に使者を派遣した目的」は書かれていませんが、それが「国号更改を通知するため」であったことは間違いないと思います。なぜなら、新羅の記録にこの年の十二月に倭国から使者がやって来て、国号を日本国に改めた旨通知してきたと記録されているからです。

○『三国史記』新羅本紀・文武王十年（670年）十二月の条
・倭国、更《あらた》めて日本と号《なづ》く。自ら言う「日の出る所に近し」と。

右のように、客観的史料である『三国史記』にも六七〇年十二月に倭国から使者が来て、国号を日本に改めたという通知を受けたとありますが、この時の使者は同年九月に天智が新羅に派遣した阿《あ》曇連頬垂《づみのむらじつらたり》であることはまず間違いないと思います。

このように、『日本紀』には「唐に派遣した河内直鯨」や「新羅に派遣した阿曇連頬垂」らを何の目的で遣わしたのかが書かれていないのですが、六七〇年にその使者を受け入れた唐朝や新羅の客観的史料には「国号更改の通知」であったことが明記されているのです。

したがって、河内直鯨や阿曇連頬垂らがそれを通知するために派遣されたことは間違いないと思います。

しかし、なぜ『日本紀』は、その使者派遣の目的を書かなかったのでしょうか。

その答えは簡単で、国号の更改を知らせるために唐や新羅に使者を派遣したなどと書いてしまうと、天智がその直前（668年）に国号を倭国から日本国に改めたことがすぐにバレてしまうからです。

そうなれば、神代から日本国と書いてきた『日本紀』全体の建前が崩壊してしまいます。

したがって、『日本紀』はこの二人の使者派遣の目的を書かなかったのですが、その一方で、ここまで述べてきたような様々な筆法を用いてその史実を後世に伝えようとしているのです。

いずれにしても、わが国が「日本国」になったのは、「西暦六六八年正月三日（旧暦）」であり、その日本国生みの親は、「天智天皇」その人であったと結論しておきます。

なお、近い将来、その日が「日本国の誕生日」として日本国民に認知されるであろうと確信していますが、また同時にその日が真の「建国記念日」となるよう祈念しています。

第四章　日本国最初の「天皇」は、持統女帝

さて、わが国にとって「日本国成立の日」と同じくらい重要であるにも拘わらず、いまだ解明できていない大きな問題があります。

それは、「わが国で最初に天皇を称したのは誰か」という問題です。

しかし、この「答え」も案外簡単に導き出すことができます。なぜなら、その「答え」を教えるために用いた方法に先の「日本国成立の日」とまったく同じ手法が使われているからです。

よって、まずその「答え」から先に挙げておきます。

○　日本《やまと》の大王《おおきみ》「持統女帝」が西暦六九〇年正月一日（旧暦）、初めて「天皇」を称した

持統女帝の父天智は、唯一「倭王《やまとのおおきみ》」から「日本王《やまとのおおきみ》」へと「二度即位」した天子だったわけですが、じつは娘の持統女帝も父の天智と同じく「二度即位」しているのです。

それは、「日本国《やまとのくに》の大王《おおきみ》」から「日本国《やまとのくに》の天皇《すめらのみこと》」へと「二度即位している」という意味です。

つまり、持統女帝は、日本史上において最初の「天皇」だったのです。

ところが、父天智の時と同じく、その史実を『日本紀』の編者らは直筆できなかったのです。

なぜなら、『日本紀』の中では、神武以降すべての「ヤマトの大王」が「日本国の天皇」という建前で書かれているからです。

①・『日本紀』神武紀

・辛酉年春正月庚辰朔《かのえたつついたち》、（神武）天皇、橿原宮《かしはらのみや》で帝位に即く。是年を「天皇元年」と為《な》す。

『日本紀』に、右①の建前がある以上、持統女帝の時になって「初めて天皇という尊号を称した」とは絶対に書くことができなかったのです。これは、父天智の時に「倭国」から「日本国」になったことを直筆できなかったのとまったく同じ事情です。そこで「天智紀」と同じように「称制期間」を作ってそれを最初に即位していた「日本国王」の在位期間に当てることにしたのです。

つまり、天智の記録に「称制元年」と「その七年目に初めて即位」という「二度即位の事実」が示唆されていたように、持統紀にも「称制元年」と「その四年目に初めて即位」という「二度即位の事実」が記録されているのです。それは、最初の即位が「日本国王」であり、次の即位が「日本国天皇」に即位した事実を示唆するためのいわば方便なのです。

持統が天皇のいない中で「称制」などするはずがなく、当然、正式に「日本国王」に即位していたと考えておかなければなりません。

○『日本紀』持統紀

・朱鳥元年（６８６年）九月戊戌朔《つちのえいぬついたち》（九日）丙午、天渟中原瀛真人天皇《あまのぬなはらおきまひと》（天武）崩ず。皇后（持統）、
　朝《まつりごと》に臨《のぞ》みて「称制？」す。

・元年（６８７年）～　是年、太歳丁亥《ひのとい》。

・四年（６９０年）春正月戊寅朔《つちのえとらついたち》（元旦）、物部麻呂朝臣《もののべのまろのあそん》、大盾《おおたて》を樹《た》つ。神祇伯中臣大嶋朝臣《なかとみのおおしまのあそん》、

天神《あまつかみ》の寿詞《よごと》を讀《よ》む。畢《おわ》りて忌部宿禰色夫知《いんべのすくねしこぶち》、神璽《かみのしるし》の劒《つるぎ》・鏡を「皇后?」に奉上《たてまつ》る。
皇后、「天皇」の位に即《つ》く。公卿・百寮、羅列《つらなりなら》び匝《あまね》く拝《おが》みて拍手す。

右の記事の不可解な点は、天皇のいない「称制元年」が建てられていることと、初めて即位した年が元年でなく「四年」になっていることです。
この書き方には、先の「天智紀」とまったく同じ方法が用いられています。

A・史実		B・『日本紀』持統紀
686年・天武崩御。持統、日本国王に即位。	→	666年・天武崩御。持統、即位せず称制
687年・元年＝日本国王	→	667年・皇后の称制元年
688年・二年＝日本国王	→	668年・皇后の称制二年
689年・三年＝日本国王	→	669年・皇后の称制三年
690年・四年＝日本国の「天皇」に即位。	→	690年・皇后即位＝四年?
＊ 初めて「天皇」の尊号を称す	→	● 初めて天皇に即位した年が四年?

史実は表Aのとおりで、持統は天武崩御後に自ら「大王《おおきみ》」に即位し、その四年目に初めて「天皇《すめらのみこと》」

を称したのです。

それを直筆できなかった『日本紀』は、「天皇」を称す前の三年間の「日本国の大王」の御世を「称制期間」へと作り変えているのです。

そもそも「称制元年」などあり得るはずもなく、なぜそこまでして「元年を建てようとしているのか」、そこに現在の我々は注目しなければならないのです。

持統は、六八六年に夫の天武が崩じた後、直ちに自ら「日本国の大王」に即位し、その四年後の六九〇年正月一日に改めて「日本国の天皇」に即位しているのです。

しかし、『日本紀』は、神武以降、皆「日本国の天皇」という建前で書いているために、持統が最初は「日本国の大王」に即位していたという事実を直筆できなかったのです。

そこで、仕方なくその期間を「皇后持統の称制期間」という見え見えの嘘をもって書かざるを得なくなったのです。

先の「天智紀」でもそうでしたが、誰も即位していない元年はあり得ませんし、天子がいない期間にその代理の「称制」という職責を置くこと自体あり得ないことなのです。

しかも、その天子の代理の職責が次の天皇が即位するまでのわずかの間ならまだしも、「皇太子天智の称制六年間」とか「皇后持統の称制三年間」などは絶対にあり得ないことです。

一、なぜ、持統女帝は「天皇」を称したのか

さて、仮に持統女帝がわが国初の「天皇」であったとすれば、なぜ突然そのような尊号を称することになったのでしょうか。またその理由は何だったのでしょうか。

この点について私は、大きな理由が二つあったと思っています。

その一つは、中国唐朝の影響であり、いま一つは「祟り」を恐れたからではないかということです。とくに「祟りを恐れた」ことが「天皇」という絶対的存在を称する一番の理由だったのではないかと考えています。

そこで以下、この二点について私見を述べてみたいと思います。

❶・唐朝三代皇帝の高宗が一足早く「天皇」を称していた

古来中国では「三皇」という伝説上の独り神の存在が信じられていたようですが、その「三皇」にも諸説あるようです。しかし、ここは話の煩雑を避け、特に「天皇・地皇・人皇（又は泰帝）」の「三皇」について取り上げてみたいと思います。

「三皇」というのは天帝のことで、中国の伝説によれば陽気と陰気から自然に生まれた独り神ということになっています。それはちょうど日本神話の「国常立尊《くにとこたちのみこと》・国狭槌尊《くにさづちのみこと》・豊斟渟尊《とよくむぬのみこと》」の三柱

の神と大変似た存在となりますが、むしろわが国の方が日本神話を創作する段階で中国の「三皇」伝説を借りた可能性が高いように思われます。

いずれにしても、中国ではこの「三皇（神）」の子孫が「五帝（聖人）」であり、そのまた子孫が夏・殷・周など歴代中国王朝の皇帝であるということになっているのです。

そのために、歴代中国王朝の皇帝たちはその「三皇・五帝」をもっとも尊い天帝として崇めて祭祀を行なっていたのです。

ところが、唐朝第三代皇帝の高宗は、皇帝の称号のみならず天皇の尊称も併せて冠したのです。これが後に、「日本国王」だった持統女帝が「日本国天皇」を称するきっかけになった可能性があるように思われます。

①・『新唐書』高宗紀・上元元年（674年）八月の条

（674年）八月壬辰、（高宗）皇帝、「天皇」を称す。皇后を天后と称す。

②・『新唐書』高宗紀・弘道元年（683年）十二月の条

（683年）十二月丁巳、改元し、大赦す。是の夕《ゆうべ》に、（高宗）皇帝、貞観殿に崩ず。諡《おくりな》して「天皇大帝」と曰う。天寶八載（749年）、諡《おくりな》を改めて「天皇大聖皇帝」とす。十三載（754年）、諡《おくりな》を増し、「天皇大聖大弘孝皇帝」とす。

右のとおり、長い中国の歴史上で唯一、唐の高宗だけが亡くなる前の十年間だけ「天皇」を称していたのです。その十年間（674～683）は、ちょうど天武天皇の在位期間（672～686）に内包されているのです。

そして、天皇皇帝の高宗が亡くなった七年後の六九〇年に持統が「天皇」を称しているということは、時間的経緯からみても、持統が高宗皇帝のそれに倣って「天皇」を称した可能性は十分あると思います。

なお、この時の「天皇皇帝・高宗」以外に、中国では天皇を称した皇帝はいないのですが、それはおそらく、朝廷内で皇帝が「天皇」の称号を併せて名乗ることが問題になっていたからではないかと考えられるのです。

そもそも秦の始皇帝が決めたとされる「皇帝」の尊称自体、「三皇」や「五帝」をも超越した存在として作られたものですが、それにも拘らず「三皇」の一つの「天皇」をあえて名乗ることには多くの異論があったのではないかと推察されます。

その真偽はまだ良く分かりませんが、司馬遷が『史記』に書かなかった「三皇本紀」をこの高宗の頃に司馬貞という人物が補筆していることなどを鑑みると、二度と皇帝が「三皇」の名を使わないように、曖昧だった「三皇」の神格と地位を確定しておこうとしたのかもしれません。

いずれにしても、六八三年十二月以降、中国では二度と「天皇」の尊称が使われることはなかったのですが、逆にわが国では「大王」の新たな尊称としてそれを使う必要が生じていたのかもしれません。

❷・持統女帝は、「祟り」から逃れるために「天皇」を称した?

私は、持統女帝が「天皇」を称す一番の理由は「祟り」から逃れるためだったのではないかと推察しています。「祟り」を受けることのない絶対的存在である「天皇」に自らの身を置けば、それから逃れられると考えたのではないでしょうか。

しかし、本当に持統が「祟り」を恐れていたとすれば、それは一体何に対してのものだったのでしょうか。

私は、それを「大津皇子《おおつのみこ》の祟り」と「伊勢神宮の祟り」だったと考えています。

皇后持統は、六八六年九月に夫の天武が崩じた直後、自分と天武との間に生まれていた嫡男で皇太子だった草壁皇子を即位させるはずだったのでしょうが、そのライバルに皇位継承順位第二位の大津皇子がいました。

どうやら天武は生前この大津皇子の方を高く買っていたようで、持統はその存在が疎ましかったのではないかと思われます。

そこで、天武崩御の翌月十月、その大津皇子に謀反の罪をかぶせ、死を賜ったのです(自害)。この大津皇子の罪は冤罪だったと言われていますが、それだけではなく、大津皇子の姉で伊勢神宮の斎宮《いつきのみや》(祭主)であった大來皇女《おおくのひめみこ》(万葉歌人としても有名)までも解任してしまったのです。

『日本紀』は、この伊勢神宮と天武・持統の関わりについてあまり詳しく書いていません。天武と持統は六七二年に近江京の大友皇子と戦うために吉野から出陣したのですが、その途中で伊勢神宮を遥拝したとあります。そのお陰か「壬申の乱」に勝利した天武が即位三年（674年）の十一月に、天武の娘で大津皇子の同母姉の大來皇女を伊勢神宮の斎宮に任命しています。伊勢神宮の斎宮には、原則として天皇の実の娘で未婚者（生娘）を任命することになっています（『延喜式』神祇五）。

持統女帝は、その大來皇女を大津皇子の罪に連座させて解任してしまったのです。

○『日本紀』持統・即位前紀（686年）

a・（686年）冬十月戊辰朔《つちのえたつついたち》(二日)己巳、皇子《みこ》大津、謀反発覚す。皇子大津を逮捕《とら》え、～三十余人を捕える。(三日)庚午、皇子《みこ》大津に譯語田《おさた》の舎《やかた》で死を賜《たま》う。時に年二十四。妃の皇女山辺《ひめみこのやまのべ》、髪を被《かきみだ》し、徒跣《はだし》で奔《はし》り赴《ゆ》きて殉《ともにし》す。見る者、皆歔欷《むせびな》く。

皇子大津は、天渟中原瀛真人天皇《あまのぬなはらおきのまひと》（天武）の第三子なり。容止は墻岸《たくまし》く、音辞《ことば》は俊《すぐ》れて朗《あきら》かなり。天命開別天皇《あめのみことひらすわけ》（天智）の愛《め》でる所と為す。長じるに及び、辨《かた》るに才学有り。尤《とりわ》け文筆を愛す。～

b・十一月丁酉朔《ひのととりついたち》(十六日)壬子、伊勢神祠《いせのかみのほこら》（伊勢神宮）に奉《つかえたてまつ》る皇女大來《ひめみこおおく》、還りて京師《みやこ》に至る。

右のような経緯があったためか、持統は直ちに自分の子である皇太子草壁皇子を即位させることができず、世の中のほとぼりが覚めるまで自らが即位することになったものと思われます。

ところが、それから三年後の六八九年四月になって、その草壁皇子が薨じてしまったのです。

その時、おそらく母の持統は大いに歎き悲しんだと思われますが、それと同時にその死を「大津皇子の祟り」と恐れたのではないでしょうか。

ライバルの大津皇子を排除し、その実姉の大來皇女からは伊勢神宮の祭主斎宮の任を取り上げ、その上で草壁皇子を即位させる機会を待っていたのでしょうが、その草壁皇子があっさりと亡くなってしまったのです。

私は、この時の持統女帝は御子の死を「祟りのせい」と考えた可能性が高いと考えています。

それは、その翌年の六九〇年に「三皇」の一つ「天皇」を称し、同時に「第一回目の伊勢神宮（内宮）の式年遷宮」を行なっているからです。

❶・六九〇年正月一日（旧暦）＝「天皇」に即位。⟶・「日本国の天皇」が誕生した瞬間。
❷・六九〇年（何月かは不詳）＝伊勢神宮（内宮）の「第一回目の遷宮」を行なう。
❸・六九〇年十二月＝新都に決めた「藤原」の宮地を視察に行く（4年後の694年12月遷都）。

右のように、持統女帝は、嫡男の皇太子草壁皇子が薨去した翌年の六九〇年に、「大王」を「天皇」という尊称に改号し、また伊勢神宮の遷宮を初めて行ない、さらにはこの年に「藤原京」への遷都を決定するという歴史的に見ても重大な事を立て続けに実行しているのです。

しかし、それらがなぜ「六九〇年」のことだったのか。

私は、それを「大津皇子と伊勢神宮の祟り」から逃れるためであり、またその怨念を鎮めるためだったのではないかと考えています。

たとえば、それは後の聖武天皇が東大寺の大仏開眼の直前から唐突に何度も遷都というか彷徨を繰りかえしたのとやや似た心理状態だったのかもしれません。

この聖武天皇の不可解な行動は、冤罪を被せて死に追いやった「長屋王」の祟りや、藤原広嗣が叛乱を起こし斬首されたことからその怨念を恐れていたからではないかとも言われているのです。

このほかにも、怨念や祟りに関わる話や事件については多くの記録がありますが、中でも桓武天皇の時の「早良親王」や醍醐天皇の時の「菅原道真」の話は有名です。

いずれにしても、持統女帝は、草壁皇子の死は、大津皇子を冤罪で殺したことの結果（祟り）と受け止めていた可能性があると思います。

したがって、草壁皇子が亡くなった翌年の六九〇年に、先の❶❷❸が行なわれたことには看過できない重要な意味があったと考えています。

私は、六九〇年正月に持統女帝が突然「天皇」の尊称を用いたのは、自らが祟りを受けることのない絶対神的な存在の「天皇」になることでそれから逃れようとしたのではないかと疑っています。たしかに中国の「三皇」とは、陰陽の二気から生じた尊い独り神ということになっていますから、そもそもその存在自体が祟りなど受けることはないのです。

また、その七年前まで唐の高宗が「天皇」を称していた事実も、持統女帝がそれを用いる直接的理由になっていたのかもしれません。

この年に初めて伊勢神宮の遷宮を行ない、藤原京への遷都を決定したのは、大津皇子の祟りを恐れると同時に、その御魂《みたま》の「鎮魂」と「厄払い」の意味があったのではないでしょうか。

　以上、ここまで行なった『日本紀』の検証で持統女帝が六八七年に「日本国王」に即位し、その三年後の六九〇年に「日本国天皇」に改めて即位し直したことはまず間違いないと思いますが、その二度目の即位となった「天皇」へ尊称を改めるきっかけとなったのは、草壁皇子や大津皇子の死が密接に関わっていると今は確信しています。

二、『日本紀』が「持統紀」で終わる理由を考える

ところで、なぜ『日本紀』は、「持統紀」をもって終わるのでしょうか。

なぜこのような疑問を持つのかといえば、『日本紀』が成立した七二〇年は元正女帝の御世でしたが、その前の元明女帝と文武天皇の御世も書こうと思えば容易に書けていたはずなのです。

それがなぜ文武天皇の前の持統紀をもって終わるのか、ここに疑問を感じるのです。

私は、その理由については、持統女帝の時に「歴史的ターニングポイント」があった、つまり、「日本国の天皇」という形が完成した時点で終わろうとしたのではないかと考えています。

逆に言えば、「持統紀」で終わることによって、そこに「歴史的分岐点」があることを示唆し、そこから持統が「日本史上初めて天皇を称したという事実」を教えようとしているのではないかと考えているのです。

この点、『古事記』も同じで、なぜ『古事記』は「推古紀」で終わるのか。また、どうして推古女帝までをもって「古き事を記す」というのか。

その理由は、第一章でも述べましたが、聖徳の憲法発布による天子宣言によって、その瞬間からわが国は「天子を戴く国」へと国体の大改革が行なわれたのですが、その「歴史的ターニングポイント」をもって「古き事の終わり」としたのでしょう。

この点、後世の淡海三船が『古事記』最後の天皇に「推古」の諡号を奉ったのも、「古きことの意

味を推しはかれ」というメッセージを込めているからだと私は考えています。

『古事記』が、天子の誕生という「歴史的分岐点」をもって終わっているということを考える時、『日本紀』が「持統紀」で終わることにも当然何らかのメッセージが込められていると考えるべきでしょう。

そのメッセージとは、「神武紀」以降、『日本紀』全体を貫く「日本国の天皇」というのはあくまでも建前であり、本当にその尊号を称した「最初の天皇」は持統女帝であった、ということにあると思われます。そして、その史実を後世に示唆するために、意図して持統天皇の御世をもって終わるのだと思います。

そうでなければ、次の文武天皇や元明女帝まで書いていても良かったはずなのです。

いずれにしても、天智紀と持統紀だけに、なぜ即位しない「元年」が建てられ、その間を「称制期間」としているのか。それはこの二帝だけが「二度即位」していたということなのです。

天智は、「倭国王」から「日本国王」へ、そして持統は「日本国王」から「日本国天皇」へとそれぞれ二度即位していたのです。

その意味で、天智と持統の父娘は、聖徳と共に現在の「天皇を戴く日本国」の国体を築いた、わが国にとっての英雄と言えるのではないでしょうか。

○本当の称号と「記紀」が記した「建前の称号」

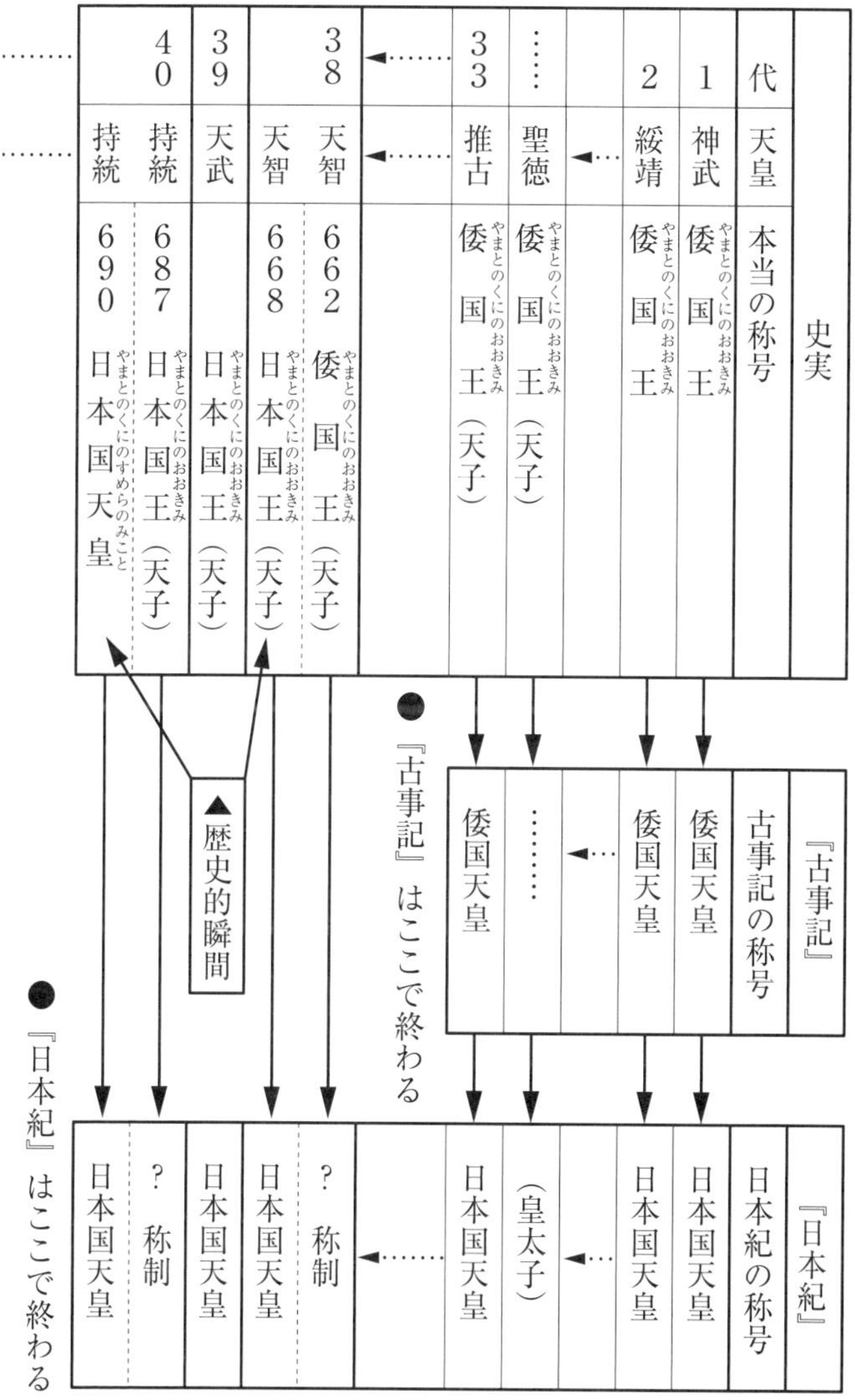

（前頁表の続き）

41	文武	日本国天皇《やまとのくにのすめらのみこと》・701年、大宝律令施行
42	元明	日本国天皇《やまとのくにのすめらのみこと》・712年、『古事記』成立
43	元正	日本国天皇《やまとのくにのすめらのみこと》・720年、『日本紀』成立

あとがきにかえて

歴史科学の方法について

『日本国成立の日』を書き終え、さて「あとがき」に何を書こうかなと考えた時、ふと頭に浮かんだのが「古代史学における方法論」でした。このテーマについては、いずれ機会を見て書きたいと思っていたのですが、今回がちょうどその良いタイミングとなりました。

折りも折り、小保方博士の「STAP細胞」論文を巡って、「捏造」「改竄」「不正」「悪意」「故意」「未熟」などという言葉が飛び交っていますが、そういう中で「自然科学の方法とは何か」が真剣に問われています。この「自然科学」とは、物理学・化学・数学・天文学・地学・生物学などのいわゆる「科学」とよばれる学問のことですが、それに対して「社会科学（文化科学）」があり、その「社会科学」の中に「歴史科学」は分類されているようです。

この「科学の方法」については、いま問題になっている「自然科学」の分野だけの話ではなく、「歴史科学の方法」についても、改めて真剣に考える良い機会になったのではないでしょうか。

なぜなら、「歴史科学」の分野の論文や学説の中には、まるで「方法論すら存在しない」かのようないい加減なものが過去から現在まで相当数出回っているように思えるからです。

実は、私自身、二〇一一年三月に「日本古代史研究会」を立ち上げ、毎月一回の勉強会を主宰していますが、その設立目的には「日本の古代史学における方法論の確立」を掲げています。これは私にとって生涯のテーマといえるもので、「正しい方法論の先に必ず真実へ通じる道が開ける」と確信し、またそれは自分の残りの人生を賭けるだけの価値ある重要な命題と考えたからです。

「邪馬台国問題の解明」や「記紀の解読」などは、必ずその「正しい方法論」の先にこそ「正解」があるものと確信しています。つまり、「邪馬台国がどこにあったのか」という問いに対する答えは、「結果オーライ」的なものではなく、必ず「正しい方法論によって導き出された答えでなければならない」と考えているのです。

このような思いに至ったのは、現在までの「歴史科学の方法」がじつに曖昧で、「科学の方法」と呼ぶにはあまりにもお粗末に思えるからです。歴史学の分野である「文献史学」と「考古学」には本当に方法論など存在しているのかと疑いたくなります。この学界では捏造や事実の改竄が日常的に行なわれているのではないかという疑念や不信感が拭えず、それは将来にわたる不安と危惧でもあります。このような本質的課題にどれだけの人が真剣に取り組んでいるのでしょうか。

かの藤村氏の「神の手（ゴッドハンド）」による捏造事件はまだ記憶に新しいですが、その事件に対して考古学界や当時の科学庁からは真摯な反省の言葉はなく、「排他的・閉鎖的であった」ことを謝罪しただけでした。真に反省すべきは、「誰も何も検証しなかったこと」であり、当時の考古学界には真の科学者が一人もいなかったのだと思います。

ところで、そもそも「歴史学」において「科学的方法」など存在するのかという疑問を感じている方もいるかもしれませんが、「歴史科学の方法」についての「概念規定」というか「定義」は厳然として存在しています。

「自然科学の方法」と「歴史科学の方法」は「対立」する

二十世紀初頭、ドイツのウィンデルバントとリッケルトという師弟関係にあった二人の新カルト派の哲学者が、「自然科学と歴史科学の方法」について同じような考え方を提起していますが、それは現在でも「科学の方法論上の定義」として通用しているようです。

❶「自然科学の方法」とは、「反復できる一般的な法則に基づいて行なわれる方法」であり、それと唯一対立するのが「歴史科学の方法」で、❷「歴史科学の方法」とは、「反復できない一回的・個性的な記述に基づいて行なわれる方法」。

右の❶❷によれば、「自然科学の方法」に対して、唯一「歴史科学の方法」は「対立する」ということになるのですが、私にはその意味が経験上、理解できます。

それはサラリーマン時代、本業のかたわらで放射線（X線など）や水の分子構造などの研究に没頭した時期があり、「自然科学の方法」について専門家に直接ご教授いただき、またその方法をもって行なわれる実験の現場に何十回も立ち会った経験があるからです。そのために、ウィンデルバントらが単に「自然科学の方法」と「歴史科学の方法」を「違う」とは言わず、「対立する」と言うことの意味が多少なりとも分かるのです。

　そのウィンデルバントらの考え方を、私は別の表現にして、自然科学を「三次元の科学」、歴史科学を「四次元の科学」と理解し、両者の間にはいわゆる「次元の違い」があると考えています。

　つまり、「自然科学の方法（❶）」が時間に関係なく「反復・再現・実験によって検証できる」のに対して、「歴史科学の方法（❷）」は、「絶対に反復・再現・実験ができない過去の時間の中に閉じ込められた一回的・個性的事実を文献史料によって確認・検証する方法」だと考えています。ただ、「一回的・個性的な記述に基づく方法」というだけでは、その記述の信憑性を疑うことなく妄信しても良いと誤解されかねず、やはり、今後はより具体的に「文献史料の検証方法」を確立していく必要があると考えています。

　一方、「自然科学の方法（❶）」については、「反復（実験）」と「一般的な法則」の密接な関係を遵守すれば良く、じつに簡潔にその真髄（原理）が説明されていると思います。

　たとえば、ノーベル賞を受賞した「対称性の破れ」という仮説（理論）は、三十数年も掛け第三者による実験・観測などが反復して行なわれた結果、その仮説が正論として認められたわけです。そして、それが今や「一般的法則（理論）」として承認されているのですが、その真偽は、専門家であれば、「いつでも誰でも実験・観測の反復によって確認（検証）できる」はずです。

　この点、小保方女史が二百回も作製に成功したという「STAP細胞」は、彼女独自のやり方でしか作製されていないようで、その「独自のコツ」やそれを基にして行なわれた実験の記録（実験ノート）などを公開しない以上、今のところ、それは「自然科学の方法」による研究成果とは認め難く、ここに根本的な問題があると思います。

「自然科学の方法」とは、「いつでも誰でもが、反復して検証・再現できる一般的な法則」に基づくものでなければならず、その点、現時点での「STAP細胞」理論は、「反復できる一般的な法則」とは成り得ず、一つの「仮説」の段階にあるといわざるを得ません。

ただ、個人的には、将来この「仮説」が「自然科学における一般的な法則」として認められる日が来るようにと心から願っているのですが……。

「数学」では「歴史学」の問題は解けない

さて、「歴史科学の方法とは何か」を考える時、良い事例があります。それは数学の専門家で、古代史や犯罪心理学・哲学の専門家としても有名な安本美典氏の方法論です。

安本氏は、数学の法則の一つ「大数の法則」などを用いれば「古代の謎は解ける」と主張され、いわゆる「数理文献学」という言葉を使われています。しかし、「数理」は自然科学で、「文献史学」は歴史科学の分野です。先のウィンデルバントらによれば、「数理」と「文献史学」の方法は、「唯一対立する関係」ということになっています。それに対して、安本氏は「対立しない」と言っているに等しく、その「対立しない」ということの「定義付け」もなされておらず、ただ「大数の法則」を用いて行なう方法の正当性を主張されるだけです。

「大数の法則」とは、たとえばサイコロを十回ほど振った場合、「1」から「6」までの目の出る回数が極端な結果、つまり「6」ばかりが出ることがあり得ます。ところが、それを何千回・何万回と繰り返すうちに、「1」から「6」までの目の出る回数がほとんど同じになる（平均化される）というものです。

安本氏は、その自然科学の方法の一つの「大数の法則」を用いた上で「天皇平均在位十年説」を提唱しているわけですが、それには根本的に問題があると思います。

「大数の法則」については、言うまでもなく「自然科学の中の一般的法則」としてすでに定着しているわけで、自然科学の分野でそれを用いること自体に何ら問題はないのですが、それが、なぜ方法論上対立するはずの「歴史科学に平然と使えるのか」ということです。

従来の「科学の方法」に対する概念や定義を覆すような「数理文献学」という言葉を使われる以上、安本氏にはその言葉の「定義」を明確にする責任があると私は考えています。

それが為されるまでは、「STAP細胞」の「独自のコツ」と同じく、その理論の正当性を私は容易に認めることはできません。

そもそも、歴史とは「反復できない一回的・個性的な事実の積み重ね」であり、その事実が正しく確認された時、初めて「正確な平均値」を算出することができます。

「平均値論」や「確率論」などというものはあくまでも「正確な結果から得られた正確な数値」でなければならず、常に「結果論的性格の数値」であって、それは過去ではなく、将来の予測のためにこそ用いるべき方法論だと思います。

歴史とは、時代・王朝・国・人ごとに「一回的・個性的」なもので、事実、『史記』や『漢書』・『後漢書』などの「一回的・個性的な記録の検証」によって、前漢の皇帝の平均在位が「約14．3年」、後漢のそれが「約14年」であることは分かっていますが、このような事実を前にした時、いったい「平均在位十年説」のどこにどれほどの意味があるというのでしょうか。

「古代史学の方法」とは、あくまでも「一回的・個性的な記述の検証」にこそあり、それは「数学」や「統計学」といった「自然科学の方法」とは「唯一対立する関係」にあることを良く理解しておかなければならないのです。

「古代史学における方法論の確立」。

私は、いま史書研究の実践を通じてその答え（新たなる定義）を懸命に模索中ですが、いずれ簡明な言葉にして遺せるなら幸甚と考えています。

そして、本書によって、その「方法論」の存在と有意性を少しでも多くの読者にご理解いただけることを祈念しつつ、一旦ここに筆を擱きます。

追記

なお、本書は、「記紀解読シリーズ」の「1」として執筆したものです。次の「2」では「神武天皇の謎（その実在性と実年代）」、また「3」では「聖徳天子の謎（その実在性と実年代）」を主題として書くつもりですが、そのほか「神功皇后の謎（実在性と実年代）」についても筆を執る予定にしております。これらのシリーズの最後には、私が「記紀」の解読によって導き出した「答え」を年表にして提示してみたいと思っておりますので、どうぞご期待下さい。

さて、末筆になりましたが、本書の出版にあたっては、以下の方々を始め、多くの皆様にご支援とご協力を頂きました。ここに伏して謝意を表し、心から御礼を申し上げます。

ご支援、ご協力を頂いた方々

・月刊『フォーNET』編集長・松本安朗氏、（株）スペースキューブ・間一根取締役、（同社）橋本一平氏、（同社）佐伯正繁氏／以上の方々には、編集・校訂・構成など大変お世話になりました。

・元TNC報道局長・明石哲也氏／カバーと巻頭に素晴らしい写真をご提供いただきました。

・NPO法人「NAP福岡センター（旧「新現役の会」）」代表・馬場邦彦氏／本書の出版のきっかけを作っていただき、中心的役割を担っていただきました。

・「生野眞好の日本古代史研究会」の広津栄昭氏・友松洋一氏・白水智子氏・森本啓三氏・牧正孝氏・近江宗克氏・渡辺重雄氏・角田ヒサ子氏・佐藤公也氏・平正毅氏・島津経耕氏・浦克巳氏・飯田克巳氏・西田弘典氏・岸田晃氏・熊本幸雄氏・緒方憲治氏ほか会員の皆様方。

・「丁巳《ひのとみ》歴史塾」塾長・牧野絹子氏と同塾受講者の皆様方。

・歴史ナビゲーター・井上政典氏／本書の広報宣伝活動にお力添えをいただいています。

右の方々はもとより、右掲以外の多くの皆様にもご支援を賜りました。ここに改めて深謝申し上げます。

〔著者略歴〕

生野　眞好（しょうの・まさよし）

古代史研究家。「生野眞好の日本古代史研究会」主宰。1950年生まれ。大分県立大分商業高校を卒業後、日立クレジット（現・日立キャピタル）に入社。23年間の会社員時代を経て、古代史の研究・執筆・講演活動を開始。2000年より2011年までアクロス福岡「歴史であい塾」講師。2011年、「生野眞好の日本古代史研究会」を設立。自由参加形式の勉強会を毎月開催している。2012年より糸島市民大学でも講師を務める。著書に『「倭人伝」を読む』（海鳥社、1999年）、『陳寿が記した邪馬台国』（同、2001年）、『魏志倭人伝解読』（愛育社、2008年）がある。福岡市在住。

http://blogs.yahoo.co.jp/bonnou

日本国成立の日

あなたは日本の誕生日を知っていますか？

2015年2月1日　初版第1刷発行

著　　者　生野眞好

発 行 者　間　直樹

発 行 所　株式会社 スペースキューブ
〒810-0003
福岡市中央区春吉1-7-11
スペースキューブビル6F
TEL：092-986-1838
FAX：092-986-1838

印刷・製本　文唱堂印刷株式会社

価格はカバーに表示。　　乱丁・落丁本はお取替いたします。

ISBN 978-4-907533-05-2 C0021